U0498337

家长须知123

——中小学生
家庭教育心理理论与案例

刘　艳　桑艺宵○著

西南财经大学出版社
Southwestern University of Finance & Economics Press
中国·成都

图书在版编目(CIP)数据

家长须知123:中小学生家庭教育心理理论与案例/
刘艳,桑艺宵著.--成都:西南财经大学出版社,
2024. 11. --ISBN 978-7-5504-6330-1

Ⅰ.G782

中国国家版本馆CIP数据核字第2024AN7079号

家长须知123——中小学生家庭教育心理理论与案例
JIAZHANG XUZHI 123——ZHONGXIAOXUESHENG JIATING JIAOYU XINLI LILUN YU ANLI

刘 艳 桑艺宵 著

策划编辑:李晓嵩
责任编辑:李晓嵩
责任校对:杜显钰
特约编辑:蒋 华
插 画:程 晖
封面设计:何东琳设计工作室
责任印制:朱曼丽

出版发行	西南财经大学出版社(四川省成都市光华村街55号)
网 址	http://cbs.swufe.edu.cn
电子邮件	bookcj@swufe.edu.cn
邮政编码	610074
电 话	028-87353785
照 排	四川胜翔数码印务设计有限公司
印 刷	四川五洲彩印有限责任公司
成品尺寸	170 mm×240 mm
印 张	15.875
字 数	194千字
版 次	2024年11月第1版
印 次	2024年11月第1次印刷
印 数	1—2000册
书 号	ISBN 978-7-5504-6330-1
定 价	39.80元

前言

　　成都市未成年人心理成长中心提供各类与未成年人成长有关的心理健康教育和心理支持服务。十余年的工作让我们积累了大量的案例。追溯案例中孩子行为问题的根源，我们可以发现家庭教养理念、互动模式与孩子心理发展之间存在严重的错位。厌学拒学、情绪崩溃、自我伤害，或是用叛逆对抗过度控制、用沉默回应情感忽视……这些带着泪痕的故事不该仅仅留在工作记录的档案袋里。只有触发"如果是我，我该怎么做"的反思，伤痛的案例才可能转化为"原来可以这样爱"的教养智慧。由此，我们萌生了把这些案例在家庭教育心理理论的视角下汇集成书的念头，通过将"无声"的案例记录转化为"被看见"的价值来帮助更多的未成年人健康成长。

　　2021 年 7 月，中宣部、中央文明办等七部门联合印发了《关于进一步加强家庭家教家风建设的实施意见》。同年 10 月，《中华人民共和国家庭教育促进法》出台，并自 2022 年 1 月 1 日起施行。成都市将家长学校建设作为推进实施家庭教育的系统工程、民心工程、幸福工程，构建家长学校"总校+分校+子校"三级体系架构，多元联动开展家庭教育指导；将家长学校建设作为未成年人思想道德建设的重点工作，与文明城市建设一体推进。在这样的宏观设计下，家长学校体系建设、家庭教育精品示范课程和"蓉城家长季"家庭教育主题综合活动等实际工作在成都市快速展开。

作为成都市家长学校工作点位之一，成都市未成年人心理成长中心组织开展了大量与学校和社区联动的家庭教育活动，同时配套线上互动。为了将这些工作做得更扎实更有效，我们计划基于科学的理论和方法对多年积累的真实案例进行深入系统的分析，在此基础上编写一本有关未成年人心理发展与家庭教育案例的科普书籍，一方面为我们将进一步开展的家长学校课程和活动设计等提供指导，另一方面也为广大家长对孩子的日常家庭教育提供借鉴。

成都市未成年人心理成长中心也是四川大学应用心理专业的实践基地，为了让本书在具备实操性的同时具备足够的科学性，我们希望与四川大学应用心理专业的老师合作，于是我找到当时应用心理专业硕士点的负责人刘艳老师。鉴于当时正推进"四川大学应用心理专业学位研究生示范性实践基地建设"项目，刘艳老师建议将本书的编写与应用心理专业研究生教学创新结合起来。

刘艳老师带着她的研究生团队加入书籍的写作工作中来。联合创作小组先浏览各种有关未成年人心理发展的科普书籍，大家一致认为，要让"册子"实用、有针对性，必须先搞清楚：对中小学生的发展，学生、家长、老师和社会心理服务工作者都在关心什么？为了回答这一问题，我们先向家长、老师、社会心理服务工作者征集答案，之后又在小学高年级学生、初中生和高中生中征集答案。在收集 3 000 多条答案的基础上，我们确定了拟探讨的 11 个主题。其中，小学阶段的主题有五个，即群体意识、注意力、自控力、认知发展和亲子关系；中学阶段的主题有六个，即青春期与性态度、认知发展与学业压力、同伴关系、网络使用、偶像崇拜和亲子关系。

11个主题究竟应该涉及哪些具体的问题呢？我们打算从三个方面进行调查和分析：一是走访学校，针对学生和老师开展问卷调查与访谈调查；二是与家长、老师、心理服务工作者共同讨论；三是跟踪相关的热点话题、剖析典型案例。新冠疫情让调查工作变得格外困难，调查工作一度几近搁浅，但联合创作小组成员通力合作，最终按时完成了各项调查和数据分析。在此特别感谢成都市未成年人心理成长中心的侯莫易、旷婷、王鹏、刘意、彭新等老师和四川大学的研究生敬雅婷、陈代莉、林坤鸿、何雨夏、易庭州、蒋靖雯、蒲涵，尤其感谢在调查中给予我们支持和帮助的中小学生、家长、老师以及学校的管理团队。

2022年秋，本书进入正式的设计和撰写阶段。我同刘艳老师进行了分工：她统筹书的内容设计和撰写，我则对图书的应用性进行把关。新一届研究生的加入使本书的创作提速。在吃透问题背后的原因和心理机制后，李志强、赵嘉瑞、罗新柳加入了小学篇的写作，刘路遥、刘雨晴加入了中学篇的写作，方玉乐则同时参加了小学篇和中学篇的写作。他们作为创作团队的成员共享成果。

我们采取了分头撰写但共同讨论的办法。针对各章的内容，每个人都提出自己的看法和修改意见。为了保证本书实用好读，我们边写边用、边用边改。通过成都市未成年人心理成长中心举办的"多路径未成年人心理成长综合帮扶"系列沙龙和"乐在成长讲习台"读书会，我们邀请家长、中小学老师和社会心理服务工作者分篇分章地对本书的内容进行了两轮试读，然后根据他们的意见对书中的内容进行了修改。在此，我要特别感谢在试读中提供宝贵意见的家长、老师和社会心理服务工作者们。

本书创作接近尾声的时候，我们基于书中讨论的主题，设计了 15 期"家庭心育讲堂进社区"活动，配套线上互动，为家庭提供服务。

本书缘于我们在助力未成年人心理成长的服务工作和教学创新实践中对当下家庭教育痛点、难点的关注。本书的创作走了一条高校与专业心理服务机构协同的路子，这种实践需求与学术研究深度结合的创作方式让创作者们收获颇丰。愿亲爱的读者也因读此书而有所变化、成长向上。

桑艺宵

2024 年 10 月

目录

小学篇

中学篇

小学篇

儿童到了六七岁，虽然身体发育还远未成熟，但各器官（除性器官外）的功能已基本完备。他们的骨骼肌肉变得有力，动作也更加协调。从生理上看，这时的儿童已经基本具备个人生活自理的能力。从穿衣吃饭到收拾书包，再到简单地收拾自己的房间，儿童都能够独立完成。

　　此时，儿童的大脑已经形成大量的"链接"，前额皮层的发展大大提高了他们的自我控制能力，使他们具备理解更为复杂的任务和社交线索的潜能。因此，家长把儿童送到学校，以便他们在新的环境中去实现这些潜能、承担相应的社会角色并融入社会。

　　从表面上看，小学生在学校的主要活动是学知识，上语文课、数学课、英语课等，但是小学阶段儿童成长发展的重心不是获取知识，而是培养更为基本的能力。良好的身体发育、基本感知力、基本思考力、基本人际态度、日常行为习惯、群体意识启蒙……这些方面良好且均衡的发展，功效不仅在当下，更在长远的未来。

　　良好的观察思考力、注意力和控制力，是小学生高效学习特别是进一步获取知识和能力的根基；对心理行为的合理感知、开放积极地与人互动，是小学生建立良好人际关系的基础；认识个人和群体的关系，积极扮演社会角色、遵从规范，是小学生社会适应的基本要素。以上这些方面的良好发展，让小学生构建起积极的自我认知。

　　小学生发展的要点是全面均衡，任何为了发展某一方面的优势而牺牲其他方面的做法，都是得不偿失的。

第一章　社会的"我"开始启航

一、小学生的社会化发展

在小学阶段，儿童的社会化发展主要体现在群体意识和同伴关系两个方面。前者指小学生把自己归为群体中的一员，认识并遵从群体的规范；后者主要包括普遍的同学关系和亲密的朋友关系。当然，基于家庭社会关系建立的同龄亲戚和朋友关系从广义上说也属于同伴关系，但在本章笔者仅讨论更为常见的同学关系和校园朋友关系。

毫不夸张地说，小学是儿童群体意识的启蒙站，因为这几乎是他们第一次真正地加入社会群体，并在其中承担角色，从而获得相应的社会身份——小学生。在这之前，尽管大部分儿童已经上过幼儿园，看似已经开始了集体生活，但由于自身仍处于"自我中心"阶段，加上幼儿园一般会尽量个性化地关照每个儿童，儿童在幼儿园体验的群体意识往往是模糊的和不稳定的。例如，如果幼儿园的小朋友对带操的老师说"我想站在那边，这样我就会跳得更好"，老师一般都会答应孩子的要求。可见，由于"自我中心"的限制，幼儿园的小朋友不太会真正理解群体规则的意义。

所谓群体规则，是指超越个体的对群体成员的统一限制。儿童从家庭进入学校，能否理解并遵守群体规则、适应情境的变化、完成自我角色的转变是儿童社会化的关键议题。

儿童进入小学，先是在名义上把自己归入某校、某班，继而在成年人的指导下，通过主动观察逐渐理解群体成员的共同性。例如，当孩子们观察到"我们有同样的教室、同样的老师，我们一起上课、一起放学、一起上操"，便把这些共同的东西作为识别"我们的集体"的标志。为了让"我们"和"你们""他们"区别开来，儿童往往会放大"我们"的某些特征，比如"我们班最守纪律，大家都不迟到"。为了融入群体，儿童会尽量表现得跟其他人一样，因为这样才能被其他成员接受。"最守纪律班"的儿童很可能会这样想："大家都不迟到，我也一定不能迟到。"成员对内部寻求一致、对外部寻求区分，群体便逐渐形成各种各样的规范，比如"不能迟到""不能打小报告""群体内成员要团结互助""要保持个人卫生"等。这些规范无疑对成员的行为有相当大的约束力。如果群体有新成员加入，新来的人最好要尽快地了解、认同并适应这些规范，以最快的时间做到"入乡随俗"，否则很可能会被其他人看成"异类"，从而陷入被孤立排斥的困境。假如"最守纪律班"里来了一个老是爱迟到的学生，那么这个新成员肯定难以被老成员们接纳。

综上所述，儿童在小学阶段将完成大量的社会化任务，包括理解社会情境的变化、完成角色转换、理解群体规则、处理同伴关系等。小学阶段的社会化水平不仅直接决定了孩子在当下的社会适应程度，对其将来在初中、高中、大学甚至成人后的社会适应也有着决定性的作用。从已有的相关研究来看，我国小学阶段儿童社会化过程中存在的普遍问题，归结起来大多是"从家庭到学校情境与角色的转变"与"小朋友之间发展同伴关系"两大问题。笔者基于萌萌（化名）的故事对相关问题展开分析，通过两个故事分别阐述上述两个问题，并尝试提出一些小建议。

二、新环境和新角色

"上学"是人生重要的里程碑。在很多家长心里，孩子上学意味着孩子正式步入社会：以学生的身份进入第一个社会组织——学校。与此同时，孩子的生活重心也将随之转移，而且这样的生活状态会一直持续到孩子进入大学。学校是什么？对于一个懵懂的小孩子来说，学校是一个完全陌生的环境，步入学校意味着自己要在这个陌生的环境里度过一天中的一定时间，甚至待在学校的时间可能超过待在家里的时间。

学校和家庭两个情境有很大的不同。首先，家里人数有限，彼此之间极为熟悉、关系密切、日常生活中充满着情感交流；而学校里人数很多，每个人能够认识的人都比较有限，和其他大部分人往往并不熟悉。从社会学的视角来看，家庭是非常典型的一个"初级群体"。"初级群体"的概念最早由美国社会学家库利提出，也称为"首属群体"，是指一个人最先归属的群体。大多数儿童在早期社会化的开端时期所归属的群体往往就是自己的家庭。通过与家庭中父母以及其他亲属的交往和互动，儿童逐渐形成了"自我"的概念与意识。也就是说，儿童逐渐了解到了"我是谁"。这时的儿童的自我意识往往是非常强的，当这种自我意识过度强化，并且没有被家人及儿童自身及时发觉并合理调节时，一些儿童就容易成长为"小

皇帝""小公主"，这对儿童的长远发展是颇为不利的。因此，到了一定阶段，家长有必要让儿童进一步认识到"他者"与"集体"的概念，也就是"别人是谁""我属于谁"以及"我应当如何与别人交往"。此时，儿童如果继续长期只在家庭空间中与父母及其他家人进行交往互动，便很难自然地形成进一步的他者意识与集体意识，而学校则为培养儿童的这种意识提供了一片非常好的土壤。因此，在合适的阶段让儿童"走出"家庭、"迈向"学校就显得十分必要了。

其次，儿童在家里可以很随意，有很多事情并不是非做不可，家庭之于儿童较少甚至没有制度性要求；而学校则是按规定和计划行事，很多任务都是儿童必须要完成的。家庭作为初级群体，最重要的特征之一就是家庭成员之间缔结着稳定而密切的血缘与亲属关系。一般来说，血缘和亲属关系让家庭空间中充满着情感与温度。与此同时，家庭更是成员们日常生活的空间。所谓日常生活，就是相对不那么严格、一切事务都具有充分回转的余地、令人感到舒适的生活状态。家庭的日常生活中并非没有规范，但这种规范往往并不成文，而是由每个家庭成员相互妥协、达成共识并最终约定俗成的。即便某个成员违反了家庭的规矩也不会受到过分严厉的惩罚，更不会因此被排除在家庭之外。这样一来，儿童在家庭中的行为举止就变得十分随意，有些时候即使违反了家庭的规矩，父母及其他家人也不会过分严厉地惩罚儿童。其原因在于血缘与亲属关系的稳定性，这是任何制度与规范也切不断的关系。然而，当儿童的脚步由家庭迈向了学校，学生接触到的交往关系其实都是社会规范约定的契约关系，如师生关系、同伴关系等。这时的规范也就从家庭中的共识变成了学校中真实存在的契约，如学生守则、行为规范等，思维的约定俗成也就变成了成文的学校制度，这时的各种行动也就不再具有充分回转的余地。

最后，在家里，儿童的角色是唯一的——爸爸妈妈的宝贝、爷爷奶奶外公外婆的心肝……但是在学校，除了"我"外，其他人也同样都是老师的学生。每个儿童原来在各自家里的"特殊性"何在呢？可以说这种特殊性随着儿童由家入校的过程而被消解掉了。学校每年都在大批量地招收学生，而这种"批量性"也就意味着每个儿童原先在各自家庭中的特殊性很难在学校中凸显出来。在血缘和亲情的影响下，父母及其他家人都会视儿童为掌上明珠、无价之宝。但是，在学校这个充满契约性质的"次级群体"中，无论是师生还是同伴，双方都需要遵循相应的规范。由于一个老师往往面对许多个学生，因此为了提高交换的效率并且保证自己收益的最大化，老师往往就会选择将自己的成本投入平均地分配到每一个学生身上。这样一来，儿童就会感受到自己在学校之中、在老师面前变得不再独特了。

由此可见，学校是一个远比家庭复杂的群体和情境，学校中有着更多的任务、更多的规矩、更复杂的关系。对于一名六七岁的儿童来说，初入学校不可不谓是一种"挑战"。萌萌转眼就到了上小学的年纪，她最近好像因为刚进入学校还未适应而有一些小烦恼。究竟是怎么回事呢？让我们来看看萌萌的故事。

萌萌上学了

周日的下午阳光明媚，萌萌一家三口又来到了爷爷家。萌萌的爸爸妈妈在厨房准备晚饭，萌萌和爷爷在屋里看电视。

"萌萌，快来！爷爷给你留的小蛋糕，快来尝尝，可好吃了！"爷爷总是会给他的乖孙女准备一些"小惊喜"。

"我尝尝。嗯，真好吃！谢谢爷爷。"

萌萌这边正吃得开心，爷爷从柜子里拿出钱夹，掏出来200元钱递给萌萌，悄悄说："萌萌拿着，这是爷爷给你的零花钱。你还小，爷爷也不给你太多。收好别丢了，也别乱花哟。明天起呀，咱们的萌萌就是一个小学生啦，用这钱买点文具、点心什么的。"

爷孙俩这一幕还是让在厨房忙活的萌萌妈妈看见了。"哎哟爸，平常萌萌有不少零花钱呐，不用您给。她还小，拿不了这么多钱。"萌萌妈妈边说着边从厨房走到萌萌面前。"萌萌乖，既然是爷爷给我们的，我们就收好。不过，妈妈怕你看管不好，妈妈替你保管怎么样？"

萌萌噘着小嘴说："哼！每次都这么说。好吧。"

晚上回家，萌萌开始整理着自己的房间，准备第二天开学用的物品。这一夜，萌萌有点抑制不住明天就要上学的小激动，一开始躺在床上翻来覆去地睡不着，过了好一会儿才进入甜甜的梦乡。

第二天清晨，萌萌爸爸把萌萌送到了小学门口。

"萌萌！"忽然旁边有一个女同学向萌萌打招呼，原来是之前和萌萌一起上幼儿园的欣悦。

"呀！是你呀欣悦，你分到了几班？"

"我在一班，你呢？"

"我在二班。这下我们又挨得近了！"

萌萌和欣悦一起走进教学楼，一班和二班的教室正好门对门，萌萌和欣悦进了各自的班级。

萌萌走进教室后，随便找了个位置坐下。她看了看周围，发现已经来了好些同学，但都不认识。不一会儿，同学们都到齐了，一位老师走了进来，开始点名。

为了让同学之间尽快彼此熟悉，老师将他们进行分组，安排了优化教室环境的活动。任务包括扫除地上的垃圾、摆齐桌椅和将桌椅上的灰尘擦干净。萌萌的小组负责擦灰尘。

扫地的同学发现教室里只有两把扫把，萌萌便自告奋勇地说可以去对门的一班借，自己认识一班的欣悦。

萌萌来到一班门前，发现一班也在忙着整理教室。萌萌看见了欣悦在扫地，便对欣悦说："欣悦，我来你们班借两把扫把，我们班扫把不够用了。"

"哦，萌萌你先去跟我们班主任老师说一声吧，她就在楼道那边大厅那里。"

"哎呀，那得要好一会儿呢。欣悦你看看能不能就先借我用一下呢？我很快就用完。"

"萌萌，这可能不行吧，扫把是班级的，我觉得还是要和班主任老师说一声，要不我跟你一起去吧。"

欣悦和萌萌在大厅看到一班班主任正和另一位老师说话，便安静地在一旁等待。见老师们说完话，萌萌才对一班的班主任老师说希望借扫把用一用，一班的班主任老师欣然同意。

萌萌的开学第一天过得非常充实，也感到有点疲倦。萌萌觉得小学生活真的和在家里、幼儿园有挺大的不同。今天萌萌认识到了一些新伙伴，认识了自己的班主任老师，做了很多事情。不过，萌萌的心里还有一个小遗憾，那就是萌萌原本希望在开学的第一天好好表现，让老师能够在一开始就记住自己。似乎在老师眼中，班里的42名学生目前看来都是差不多的，萌萌也并未得到老师过多的注意。放了学，萌萌自言自语道："我一定要在接下来的日子里好好表现，让老师记住我！"

入学的挑战

从家庭进入学校，萌萌体验最深刻的是情境发生了巨大的变化，自己的角色也需要做出相应的转变。首先，这里的情境变化主要包含以下三个层次：

第一，空间与环境的变化。相比于萌萌的小房间，学校的空间要大得多，萌萌也许对此会感到兴奋。然而，兴奋之余，萌萌也感受到了一些大空间带来的压力感，而且相比于自己的"小天地"，学校显然没有那么温馨舒适。这些空间与环境方面的差异都是萌萌必须面对且去适应的。有研究认为，家庭与学校两处空间的明显差异在于家庭空间的私人性更强，更能满足儿童的自我体验与个人创造；学校空间则在更大程度上属于公共空间。

第二，人员的变化。在家里，有爸爸、妈妈和爷爷。萌萌还有自己的好伙伴——欣悦。在家里，父母、亲人是萌萌熟悉到不能再熟悉的人了，但是到了学校，家人都不能再时时刻刻陪伴自己，自己需要面对的是很多不熟悉的同学和老师，很多人需要萌萌慢慢去认识。到了学校，欣悦与萌萌也在好朋友关系的基础之上多了一层同学关系。在学校，萌萌接触到的是新同学、班主任老师、其他老师以及学校的领导等。如何与各种各样的陌生人展开交往与互动，成为萌萌需要面对并解决的一个问题。"不熟悉"难免会给萌萌带来紧张感，于是在大厅面对隔壁班级的班主任老师和其他老师在说话时，萌萌也只是先站在一旁静静地等待。

第三，交往模式的变化。在家里，萌萌是爸爸妈妈和爷爷眼中的"乖宝贝"，但在学校里，跟自己一样的学生有很多。在老师的眼中，这么多的学生之中每个人并没有什么十分特别的地方。由于家庭内部成员数量有限，因此成员之间相互依存且共享大量的时间和空间，互动就非常个性化。例如，萌萌和爷爷之间就有一套个性化的说话和行事的模式。和自己熟悉的人按自己熟悉的方式互动，萌萌自然感到十分自在与放松。在学校里，人与人之间的互动，尤其是老师与学生的互动需要遵循一定的规则，比如上课说话要举手示意、老师或其他人手头有别的事情正在处理时需要等待……萌萌首先需要通过观察来理解这些规则，慢慢习惯按照新的模式来和周围的人互动。

情境发生了以上变化，萌萌的角色和行动也努力做出了相应的调整。

在家里，爸爸妈妈和萌萌交流的时候往往都会采取征求意见的口吻，并且特别重视萌萌的态度与反应，对萌萌提出的合理要求，家人们也都会充分满足。在学校里不同，无论是布置作业还是值日分工，老师都是单向地向学生做出安排，并且这种安排依据的都是已有的制度原则，对每一位学生都是平等的，老师也就并不会在这个过程中过多征求或采纳学生的意见与建议。萌萌是个乖孩子，因此她对老师的安排都采取了服从的方式，也并没有和在家里对爸爸妈妈那样对老师提出什么要求。

在懂得如何与伙伴交往后，萌萌也适时懂得了如何与同学交往。就拿萌萌来一班借扫把为例，表面上是萌萌和欣悦的互动，但其本质并不再是两个伙伴的私人互动，而是作为两个班级的成员展开的一种公共互动。因此，即便萌萌和欣悦私交再好，像借用班级公物这种事情也要获得班主任老师的知情和许可，而不能学生之间擅自做主。

让萌萌感到心理上有些许怅然的一点是，萌萌感觉到自己到了学校不再是独特的，萌萌意识到和自己一样的人有很多很多，自己在老师面前不再像在爸爸妈妈和爷爷面前那么独一无二。

其实，萌萌在这一阶段所产生的心理感受是非常正常的，也可以说是每个从家庭迈进学校的儿童都无法绕开的一种心理转变。从某种意义上来说，这也是儿童在这一阶段的一种成长。在家庭这个初级群体中，我们接触到的都是与我们有血缘关系的亲属，我们之间保持着永久的首属关系。可以说，学校是我们从家"走出去"迈向的第二个群体，属于典型的"次级群体"。学校是国家与社会配套教育制度而设置的组织机构，该机构以教学育人为功能与目的，拥有一套完整、规模化、周期性的组织规范与行动准则。学校中最重要的一对角色关系自然是师生关系，往往一位老师需要同时面对许多学生，以学制为周期不断循环。这样看来，家庭与学校在本质属性与运行逻辑等多方面都非常不同，儿童在这两种群体之间不断转换角色以适应所处的群体，必然会产生一些心理上的不适或角色转换与行动等方面的问题。

可以说，萌萌和欣悦在入学第一天把自己的角色转变已经处理得比较好了。可是很多儿童却并不一定能够处理好。那么，对还不能及时适应这种情境变化并做出角色调整的儿童，我们作为家长与老师的各位读者朋友们可以做些什么来帮助他们呢？

给家长的建议

1. 未雨绸缪做预告

在儿童上学之前，家长应该帮助儿童做好一定的心理准备，提前和儿童说清楚校园生活的样子，让儿童对学校生活有具体的认识，并对自己的新身份——"学生"产生积极的期待。如果条件允许，家长可以带儿童参观学校，告诉儿童小学生应该做什么、不应该做什么；他们会学到新东西，一些他们过去想不明白的事情，在学校里会弄明白；学校里有很多一样的小朋友，大家一起学习，一起玩耍，还会交到新朋友……在平时讲故事、看电影的时候，家长也可以跟儿童讨论学校生活的话题，尽量回答儿童提出的各种问题，避免用一句"这些事你到学校就知道了"把儿童打发了。在帮助儿童建立学校印象时，家长也不要过分美化学校生活，把学校生活说得样样都好得不得了，最后让儿童对未来的学校生活产生不切实际的过分美好的期望。家长更不要说"到了学校你肯定是最棒的""你是学校最漂亮的小朋友""大家都会羡慕你"这样的话。

2. 日常沟通善共情

家长应该保持和儿童日常的、全方位的、有深度的沟通。这种沟通并不仅仅是"你在学校学习怎么样啊""这次考试成绩多少分呀"，而是关注到儿童在学校生活的方方面面，比如"课堂上发生了什么趣事""和伙伴、同学之间互动得如何""和老师交流得怎样""对学校的各种活动、规章制度有什么看法""觉得自己下一阶段应当如何行动"等。家长需要注意，和儿童的沟通最忌"居高临下"，而是要尽量把作为家长的"高度"降到和孩子一致，使得亲子之间在沟通上处于平等的位置，从而达到真正的共情。另外，在具体的沟通技巧上，家长可以尝试着重问经过、问想法，有意识地培养儿童对各类事情的观察、思考、语言组织与表达能力以及儿童对自己的反思意识。在向儿童提建议的时候，家长可以提供具体细致的行动建议，而避免发出指令式建议。例如，家长可以多问"你对这个问题是怎么想的"或"你打算怎么办"，引导儿童自主做出选择。家长给儿童的行动建议要具体，避免复杂、笼统的建议。如果是有行动取向的建议，家长可以将复杂的行动分解成可操作的、儿童不感到困难的分步骤行动。在儿童听取建议并展开行动的过程中家长也可以和儿童一起反复讨论，不断复查行动的可行性与正确性。

前面提到，儿童在由家入校的过程中出现一些不适感、遇到一些问题都是很正常的。家长首先应该密切关注儿童在这一方面的心理感受与外显反应，但不必过度紧张或把问题想象得过于严重，因为小学生入学适应的问题是非常普遍的。家长在这时应当把握的一条原则就是首先让儿童对自己的角色、所处群体环境以及产生的心理反应有一个正确的认识，然后再想办法去缓解心里的茫然与不适感。

家长应该在日常与儿童的聊天中，适时地向儿童说明有关"群体"和"规范"的问题，这样做的目的在于让儿童明白进入群体、步入社会是我们每个人成长都必须要经历的事情。家长要让儿童充分认识到"人是群体性的动物"，较好地融入群体中会给我们带来很多好处与快乐，不能较好地进行社会化并且融入群体会给我们带来很多不便与苦恼。儿童在这一阶段还不具备高水平的抽象思维，因此在和儿童的沟通中，家长就要特别和儿童强调融入群体、遵守规范能够给他们带来的实际的好处与快乐，让他们能够感同身受。例如，家长可以和孩子们说以下话：

"孩子，你在家里接触到的大多都是年龄比你大很多的长辈，也许有时候你说的事情我们不能感同身受，而我们说的事情你可能听不太懂或觉得没什么意思，但是在学校不一样，和你在一起的都是你的同龄小伙伴，你们之间可以有很多共同语言，很多爸爸妈妈不太能理解的事情你的这些小伙伴们也许就可以很好地理解。"

"进入了学校这个大集体中不要感到畏惧或害羞，你们这些小伙伴都是一样的。你可以大胆地尝试和他们打招呼、交朋友、一起玩耍，很多游戏需要你们一起合作才能成功，很多事情也需要你们一起合作才能完成。'单丝不成线，孤木不成林。'在分工与合作中，你一定可以收获独自一人时无法拥有的快乐。"

"遵守规范是我们每个人都要做到的，谁也不能例外。爸爸妈妈这些成年人在单位也要遵守单位的规章制度，我们每个中国公民都要遵守我们国家的法律，其实就连咱们家里面也是有一些规则的。你到了学校，也是要遵守学校的规范的。这些规范可以帮助你成为一名更合格、更优秀的小学生，有些时候也会保护你，避免一些不好的事情发生。在学校的规范面前，你们每一个小伙伴都是平等的，你不能超出规范做事情，别人也不会超出规范来妨碍你。融入群体、遵守规范对你是有很多好处的。"

3. 谨防过度社会化

社会化对每个人都是必要的，但是任何事物的发展都有一个度，过度社会化对人的成长是不利的。什么是过度社会化？美国学者丹尼斯·朗曾提出"过度社会化"（over socialized）的概念，认为社会环境（包括人际关系）对人具有强大的制约作用，个人自由（包括个性发展）的发展余地是极为有限的。小学生过度社会化是指小学生的社会化程度过高或速度过快，已经超过了初级社会化阶段应有的度。小学生的过度社会化主要表现为过早地成人化，比如片面地学习高深的知识、片面地模仿成年人的思维方式、过分现实的物质化价值观念和片面的成熟行为方式。简言之，小学生毕竟只是小学生，太过于留恋原先在家庭中的行为模式是不合适的，但是如果片面地模仿成年人的成熟、老练和世故，也违背了小学阶段儿童发展的正常规律。因此，无论是儿童、家长还是老师，都要把握好这个度。

家长可以通过观察儿童的言行来判断其是否存在过度社会化。如果儿童小小年纪总是显得高高在上、爱好物质攀比，那么家长对儿童的这些言行举止要及时地和儿童沟通并予以纠正。例如，家长可以和孩子说："你还只是个小学生，并不是真正的大人。你不必处处学得和大人一样，你有属于你这一阶段的童真。很多时候你完全可以基于你真实的想法去说、去做，不一定要学成大人的模样。有些话不是你们小孩子应该说的，很多大人及网上的一些成年人的言行举止，并不适合你们小孩子。"

三、与同龄人的交流互动

小学的班级群体是一个微缩的社会，有的班级更注重合作，有的班级更注重竞争。在班里，个人能力有高有低，成员之间的关系有亲有疏，还会形成小圈子。即便在同一个班，儿童的人际处境也可能很不一样，有的儿童很受欢迎，有的儿童却总是不讨人喜欢。

关于儿童在学校里不太受欢迎的问题，很多家长认为这是因为儿童不够优秀。其实，在同伴中有名望和受欢迎是两回事。有名望的儿童不一定受欢迎，如一些儿童成绩很好却备受孤立。有名望取决于大家都认同的优势，比如学习成绩好、有特别的技能等。受欢迎则取决于社交素质，比如对人热心、温和等。在学校不受欢迎的儿童可以分为三种：第一种是"敌意和对抗"型。这些儿童动不动就愤怒骂人，甚至动手打人。第二种是"退缩"型。这些儿童太胆小，容易焦虑。第三种是"被忽略"型。这些儿童只是不被大家注意，他们要么因为性格原因喜欢独来独往，要么因为某些现状不能融入班级的生活，比如专注于课外的特长训练，除了上课几乎不跟同学打交道。

人们很容易认为，"敌意和对抗"型的儿童因为让别的儿童感到害怕，所以交不到朋友。这或许是他们不受欢迎的原因之一，却不是最主要的原因。事实上，部分有攻击性的儿童也能建立表面亲密的同伴关系，但这类关系往往依赖权力压制或小团体依附，并非基于健康的社交互动——这恰恰说明"是否让人害怕"并非社交失败的主因，真正的问题在于他们对社交信号的错误解读（如将友好行为视为挑衅）。其实，不管是"敌意和对抗"型的儿童还是"退缩"型的儿童，不受欢迎可能源于同样的原因——错误理解社交情境和不善于控制自己的情绪。也就是说，他们不能体会别人的感受和期待，不会做出合适的反应。例如，儿童 A 不分场合地一味耍横，完全体会不到场合中其他人的感受，别的儿童觉得他一碰就炸、不可理喻，自然离他远远的；儿童 B 过于敏感和焦虑，动不动就哭或躲着不说话，别的儿童觉得他很难将就、难以适从，也就不搭理他。如果仔细观察这两个儿童的情况，我们就会发现，他们都不能体验场合中其他人的感受和期待，或者无法控制自己，不能做出大家能够理解和接受的反应。

那些认为儿童不受欢迎是因为不够优秀的家长，总是试图让儿童在某方面变得更优秀，从而改善儿童在社交方面的窘境。这样做，不仅不能解决问题，还可能适得其反。因为在给儿童的学业和特长训练加码的时候，往往也在剥夺儿童的社交时间和机会。儿童的社交能力是在与同伴的交往中发展起来的，但社交能力差的儿童又很难抓住与同伴交往的机会，这就形成一个向下的螺旋发展：社交能力差的同伴交往就少，同伴交往少社交能力就得不到发展，继而社交能力的差距就会变得更大。要让不受欢迎的儿童变得受欢迎，我们就必须打破这个向下的螺旋。家长想让儿童变得受欢迎，就要把他们"推出去"：给他们创造与同伴接触的机会；指导他们如何理解社交线索，懂得别人的感受和期望；在儿童不知所措的时候鼓励他们积极尝试；在儿童被人拒绝的时候告诉他们这不代表他们自己不好，而且事情也并非总是这样。

总而言之，只有让儿童与同龄人多接触，才能促使他们学会理解社交环境，理解他人的姿势和表情，并在付诸行动之前分析行动的后果，从而恰当地做出回应。例如，儿童应明白什么时候该说话，什么时候该保持沉默；懂得自己在被欺负时在言语上质问和警告对方是可行的，但在长辈面前这样做则是不合适的。

在学校里，班级活动的组织方式可以在很大程度上塑造学生的人际状态。由于空间上的接近和便捷，儿童与同桌和相邻同学的交流往往是最频繁的，不仅最容易发展出友谊，也最容易导致关系紧张。当小学生出现关系冲突或某些不良行为时，老师会通过调换座位来解决问题。班级活动的开展方式也会对小学生的人际关系造成影响。如果班级活动总是强调竞争，且自由分组，就会发展出"优秀圈子"和"落后圈子"，并造成个别学生被排挤和被孤立的现象。相反，如果将不同成绩和特长的学生分在同一组，鼓励结对帮带，其氛围就会更加友好和包容，欺凌事件发生的可能性也更小。

在小学之前，儿童尽管渴望同别的儿童建立联系，但由于处于自我中心阶段，很难建立深厚的伙伴或朋友关系。小学儿童走出了自我中心，能较好地体会别人的情绪、理解别人的想法，渐渐与别的同龄人成为朋友。和儿童建立关系与和成年人建立关系不同，同伴关系使儿童在真正平等的基础上分享、协商和妥协，体验人际互动中的接纳、理解、支持和拒绝，从而积累社交经验、提高社交能力。

小学生的朋友观会随着年龄的增长而出现变化。一般来说，儿童越小越不挑朋友，只要相处愉快玩得开心，就可以做朋友。

越是低年级的小学生，越在意伙伴对自己的态度，他们很可能觉得"有朋友"比"成绩拔尖"更重要。随着年龄的增长，小学生对朋友的要求越来越高，交朋友时会考虑对方的各种品质。到了中学阶段，一些青少年甚至会为了"成绩拔尖"而停止和"不合适"的朋友来往。

朋友对小学生的认识和行动都有很大的影响。首先，小学生常常会采纳同伴的看法、模仿同伴的做法，并且越是年级低的儿童这种倾向越明显。有的儿童断然拒绝父母安排的衣服，非要与同学的着装一样。如果同桌讽刺某个向老师汇报的同学，称其为"老师的乖宝宝"，其他同学很可能也跟着这样叫，并且认为打小报告是不好的行为。朋友之间，借鉴对方的想法和做法就更普遍了。朋友怎么想我怎么想、朋友怎么做我怎么做，行动一致性高低常常是小学生衡量彼此关系好坏的标准。小学生还十分在意朋友之间的忠诚，不但会约定在成年人面前保守秘密，而且往往会坚持到底。在很多小学生心里，为朋友撒谎是天经地义的事情。

萌萌和小伙伴们

一转眼，萌萌已经到了一年级的下学期。经过一个学期的生活，萌萌已经和班级里的每位同学都熟络起来了，并且也基本适应了小学生活的节奏，还收获了一些关系非常好的新朋友。然而，萌萌也有着一些小烦恼和小困惑。之前，欣悦和萌萌经常一起上学、一起放学，周末也经常在一起玩一整天。

可是到了一年级的下学期，萌萌很难再在周末去找欣悦玩了。因为欣悦的妈妈给欣悦报了一个书法班和一个钢琴班，都在周末上课。有一次，欣悦和萌萌诉说着自己的苦恼：

"欣悦，你现在每个周末都在干什么呀？我有时候想去找你玩，可是你总是没空。是不是你爸爸妈妈也像好多同学的爸爸妈妈似的，给你报了什么辅导班呀？"

"唉，别提了！我妈妈给我报了两个兴趣班，一个练书法、一个弹钢琴。可是我对书法和钢琴没什么兴趣呀，我和我妈妈说，可是她却说学这个是为我好，以后能用得上。搞得我现在呀，周六写毛笔字、周日弹琴，弄得我手指头都痛了。可能这个学期我都不容易再出来找你们玩了。其实我也很想呀，可是每次上完课我都累得想赶紧回家睡觉，实在是没有时间出来。只能等放暑假了。"

萌萌听了欣悦的倾诉，一边对欣悦感到同情，一边庆幸自己的爸爸妈妈没有给自己施加那么大的压力。既然欣悦没有时间出来玩，萌萌也没有办法了。

萌萌只得去找班上其他几个要好的朋友。这一个多学期以来，萌萌发现班级里形成了一些小伙伴之间各自的小圈子，每个小圈子里面的几个同学就十分玩得来。而这一个个小圈子，基本上是女生和女生之间的小圈子、男生和男生之间的小圈子，似乎男生和女生之间的关系就有点不太一样。至于是哪里不一样，萌萌也说不上来。

一天，有位男同学在课间和几位女同学一起玩沙包，打篮球的那几个男同学就在旁边对着他嘻嘻哈哈地笑。萌萌还没有想通，为什么男生和女生之间的互动总会有些不一样呢？

给家长的建议

1."玩"和"学"同等重要

对于小学阶段的儿童来说，"玩"和"学"同等重要，尤其是和同龄人一起玩，因为小学儿童的社会化很多是在与同龄人的互动中达成的。例如，儿童对规则的认识更多来自对同龄人的观察和互动，而不是家长长篇大论的讲解。儿童观察身边人的行动，看到哪些做法会得到赞赏、哪些做法会受到批评，就会去模仿被赞赏的行为，如果自己的行为被接受、受欢迎，就会保持下来。在与同龄人的互动中，儿童逐渐明白需要平衡自己的利益和别人的利益，逐渐理解合作、让步的意义。

所谓闲暇时间，并不是指白白浪费时间，而是指有足够的时间供自主支配，去做自己想做的事。有学者指出，闲暇是指每个人在完成工作和满足生理需要以外，完全由本人自由支配的时间和活动方式的总和。对于学生而言，闲暇时间更多由所处的微观社会关系决定，也就是家长、老师等。当我们说学生的闲暇时间时，通常是指学校课程计划以外的课余生活。只有有了充分的闲暇时间，孩子才可能发现自己的兴趣、发展同伴关系。

2. 保证孩子有足够的时间与同龄人互动

如何让孩子有足够的闲暇时间呢？当然是学习任务不要太繁重，不要让"学习"充满小学生的整个生活，将本该有的玩耍、游戏给挤掉了。一般来说，小学儿童与同龄人的互动要么围绕学习，要么围绕玩耍和游戏。现今，人们往往过分重视学习而忽视玩耍，这里着重讨论玩耍和游戏中的同伴互动。

小学儿童一般在哪些时间玩耍呢？在学校里，课间时间、一些带游戏色彩的课堂上、学校组织的课外活动等，都是儿童与同龄人互动的时机。这些时间和活动应该把重心放在学生间的互动、交流和合作上，而不是强调收获知识。

显然，小学儿童的大部分闲暇时间都是在家庭中度过的。在家里，孩子花多少时间学习、多少时间闲暇，在很大程度上取决于家长的安排。如果家长能够帮助孩子养成好习惯，高效地完成家庭作业，并且不急于给孩子开学习上的"小灶"，孩子就有更多的闲暇时间。

3. 为孩子创造与同龄人交往的机会

孩子在闲暇时间做什么呢？不少家长倾向于安排孩子参加一些特长学习。如果这些特长学习以团队活动为基础，比如参加球队，可以在一定程度上丰富孩子的同伴互动。但是，如果这些特长学习基本上是以个体学习来完成的，比如练钢琴，就很可能导致孩子与同龄人交往不足。

家长最好允许孩子在他们的闲暇时间里真正地"闲暇"——只要不是不健康的行动，就让他们按自己的心意去支配。然后，家长在此基础上引导和鼓励孩子与同龄人交往，并为他们创造交往的机会。

家长可以鼓励和支持孩子与同学交往，比如邀请同学来家里做客、举办小型的庆祝活动、同学家庭一同出游等。家长也可以基于自己的社会关系拓展孩子的同伴人际，比如通过朋友间的家庭聚会，让孩子认识同学之外的同龄人。在假期，家长可以带着孩子去旅游、参加亲子游学之类的活动，期间可以鼓励孩子与同龄人交朋友。

4. 为孩子的同伴交往提供指导和支持

一般来说，孩子不会天生就是"社牛"，善于与人打交道，懂得如何去处理人际交往中可能出现的各种问题。交朋友也是要教的，只是教的方式不是去跟孩子讲大道理。

有些孩子过于害羞、胆小，因为跟同龄人互动时感到紧张而避免与人交往。在这种情况下，家长可以参与到孩子的互动中，同孩子一起做，这在帮助孩子发展同学之外的同伴关系时尤其重要。例如，家长和孩子参加亲子搭档的游戏，家长同孩子一起去认识新朋友。家长在认识成年新朋友的时候，引导和鼓励孩子去认识对方的孩子，同对方的孩子交流。这样做一方面等于在给孩子示范如何与人互动，另一方面因为父母在场，孩子会更自信、更有安全感。

有些孩子大方、善于交流，不管是跟已经熟悉的同学和朋友互动，还是认识新朋友，都表现得轻松自如。对这样的孩子，家长为他们提供同伴交往机会的时候，最好不要直接涉入他们的活动。

在同伴互动中，有时孩子会表现出不合理的行为，比如大声叫骂、争抢东西、搬弄是非等。这时家长首先要评估事态，如果冲突太激烈，甚至可能造成伤害，就要断然阻止；如果事态不是很紧急，只是孩子间的小纠纷、小误会，家长

可以暂不涉入，而在一旁静观。小学儿童的同伴纠纷，大部分都会通过他们自己的方式得到解决，只有很少部分需要成年人的介入。因此，家长不要急于去帮孩子解决问题。当然，家长可以在合适的时候同孩子讨论哪些做法是可取的、哪些做法是不可取的。

但是，如果孩子在同伴交往中遭遇严重问题，比如被某些同学恶意排斥、中伤，就必须引起重视。家长必须为孩子提供充分的情感支持和引导，必要的话，还需通过老师和对方家长介入孩子的人际活动。

第二章　打好注意力根基

一、注意力是所有能力发展的根基

我们时常会听到家长们讨论这些情况："我家孩子一写作业就拖拉，一会儿要吃水果，一会儿要上厕所""我家孩子写作业如果没人看着，能写到后半夜去，边写边玩""我家孩子特别顽皮，一天天能闹得像猴一样，老师都怀疑他是不是有多动症，上课也不消停"。

为什么小学的儿童会出现这些情况呢？从表面上看，这都是缺乏自控力的表现。但是，要表现出高度的自控力，必须有良好的注意力。没有注意力，何来自控力？

注意力是指意识对一定对象的指向和集中，比如在一定时间内儿童能够专心致志地完成作业。自控力，顾名思义，就是自我控制的能力，即对自我行为进行自我管理，使之合理地安排好自己的生活和工作事项。如果儿童不能将注意力持续地集中在正在完成的作业上，而总是被其他事情吸引，一会儿想要喝水、上厕所，一会儿在脑海里回忆自己和朋友打游戏的场景，那么他们很难专注在作业上，无法管理好自己的行为，更不要说积极思考、快速高效地完成作业了。如果和小伙伴相处时，儿童不能集中注意，总是心不在焉、左顾右盼，那么也可能无法控制自己的言谈举止，难以把握朋友传达的信息，无法感受和体验他人的情绪。

除了极少数情况外，注意力是完成一切活动的前提，就连吃饭这种天天都要进行的活动，也需要一定的注意力才能顺利完成，更不用说上课、画画、跳舞等更为复杂的活动了。注意力对处于小学阶段的儿童的重要性是不言而喻的。小学生的注意力水平在很大程度上决定着他们的学业水平和身心发展水平，是个体学习知识和技能的基础，也是学生积极参与课堂的重要影响因素。

注意力包括四种不同的品质，即注意的稳定性、注意的广度、注意转移和注意分配。

注意的稳定性是指一个人能够在一段时间内，持续地专注某一特定的对象与活动的能力。例如，我们经常谈到一名儿童在听课的时候是否能够将注意力集中在老师的讲解内容上，如果儿童经常走神，就会影响他的听课质量，那么他接收的知识也总是不连续的。

注意的广度，也就是注意的范围，通俗来讲就是指人们对所注意的事物在一瞬间清楚地觉察或认识的对象的数量。研究发现，在 1 秒钟内，一般人可以注意到 4~6 个存在联系的字母，5~7 个彼此没有联系的数字，同时人们只能注意到 3~4 个不存在相互联系的几何图形。随着年龄的增长，特别是在童年时期，儿童经过有意识地训练，注意力的广度会不断提高。

注意转移是指一个人能够主动、有目的地及时将注意从一个对象或活动调整为另一个对象或活动。例如，儿童在休息之后，能够快速地投入新一轮的学习中，那就可以说，这名儿童的注意转移很优秀。

注意分配是指一个人在进行多种活动时，能够将自己有限的注意力资源平均分配于活动当中。例如，儿童能够一边穿衣服，一边听妈妈的嘱咐。

在日常生活中，我们的工作能力和社交能力都与注意力息息相关。注意的广度在记忆能力和阅读能力的发展中发挥着重要作用。如果儿童注重对注意的广度的培养，他就能够有效改善阅读串行、漏字的毛病和丢三落四的习惯。如果一个人的注意的稳定性强，他就能专注且持续地投入到所做的事情中，执行力也较高。如果一个人不能有效分配注意力资源（注意分配较差）时，他可能无法在思考的同时将朋友的话语听到脑子里，如果一个人的注意转移能力较差时，他往往容易钻牛角尖，思维灵活性较差。

二、注意力的发展过程

在婴儿时期，新生儿不但可以分辨物体的轮廓，而且能集中眼力注视这些物体。稍大一点的婴儿能更完整地观察物体的图案。随着年龄的增长，儿童大脑中的新神经元在持续发育。有研究表明，2岁儿童的平均注意集中时间是5~7分钟，是以无意注意为主导的，即没有目的、不需要意志努力的注意。与无意注意相对的是有意注意，即有目的、需要意志努力的注意。3岁前的儿童注意力的稳定性和广度明显增加，注意力集中的时间可以延长到9分钟，会留心大人的一些动作。

值得注意的是，一些家长发现儿童对伴有声音的运动刺激比较专注，想要通过让儿童看电视的方式来锻炼他们的注意力。事实上，这种做法是在破坏儿童的注意力。过度沉迷于虚拟世界会阻碍儿童在真实世界中的发展和自我构建。研究和实践表明，0~3岁的儿童看电视过多，容易导致认知发展和身体协调能力减缓，阻碍语言发展，并出现注意力不集中、人际交往能力差等问题。

当儿童的语言水平达到一定程度时，他们能够对世界有更多的理解。语言活动决定了儿童对注意力的选择。阅读书籍和故事可以让儿童更好地集中注意力。儿童的生活经历越丰富，他们的认知水平越高，对自己感兴趣的东西就越发好奇。已有研究表明，儿童的注意力水平与儿童的成就能力和社交能力密切相关。研究发现，与年幼儿童和社会化发展不完全的儿童相比，年长儿童和社会化发展较好的儿童能够更好地排除其他任务的干扰，并将注意力集中在目标任务上。

到了入学年龄，儿童注意的稳定性更好，注意力集中时间延长至10~15分钟，可以独立完成一些活动，即使受干扰，也能主动拉回注意力继续做之前的事情。由于课堂学习知识和任务的增加，这些学习活动仅仅依靠无意注意是无法达成的，这就推进了小学生有意注意的发展。在一定的教育影响下，特别是通过语言的作用，儿童的有意注意逐步形成和发展，他们的注意范围由小变大。到小学高年级阶段，儿童的注意力集中时间达到20~30分钟。也就是说，儿童的注意力会随着成长而不断提高。

需要注意的是，人的注意力总是有限的，我们不能要求儿童能在短暂的时间内完成所有的任务。家长需要根据儿童的实际能力，逐渐培养他们的有效注意力。

三、什么决定了注意力

既然注意力这么重要，我们就需要清楚是什么在决定注意力。很多学者发现，儿童的注意力是由多种因素决定的。

1. 个体自身因素

大脑的发育水平在儿童的注意力发展中起着至关重要的作用。特别是在幼儿期，儿童的大脑正在快速发育，大脑皮质和神经元的连接逐渐增强，随着儿童年龄的增长，他们的注意力持续时间和注意力控制能力也会提高。

此外，儿童的注意力也受到遗传因素的影响。研究表明，如果儿童的家族有患注意力缺陷多动障碍（ADHD）的成员，那么后代患该病的风险就会相应增加。

以往的研究还表明，注意力会受到儿童自身情绪波动变化的影响：情绪急躁不安的儿童做事通常匆匆忙忙，容易被目标之外的事物吸引，难以集中注意力；心情容易低落的儿童似乎对所有事情都没什么兴趣，上课时的注意力更加容易分散。这是因为在学龄阶段，小学生的各种生理和心理机能迅速发展，而心理机能发展程度的不同也会对他们的注意力行为产生重要的影响。儿童往往会对感兴趣的事情投入大量的注意力。

2. 环境因素

环境条件对儿童在具体的活动上的注意力有直接的影响。如果周围总是有不停讲话的同学，儿童的学习思路就会被打断。只有安静的学习环境，才能创造出良好的学习氛围，让儿童能全身心地投入学习当中。人的认知资源是非常有限的，特别是在小学阶段，儿童容易受到外界刺激的影响，难以集中注意力。适当安静的环境因素可以帮助儿童减少无关的不重要刺激的干扰，对重要的有意义的刺激投放注意资源并做出反应。

从注意力发展角度看，成长环境对儿童注意力的培养和长期发展也有巨大的影响。

对儿童注意力发展具有重要影响的家庭因素包括很多方面。著名的心理学家布朗芬布伦纳认为，家庭环境在持续注意力的发展方面发挥着关键作用。很多父母要求儿童去学习，而自己却在一边看手机，发出各种嘈杂的声音，这些都影响着儿童的专注力。

父母通过参与儿童的尝试探索或通过对儿童的注意和行动施加口头控制，在儿童早期注意力的发展中发挥着重要作用。如果儿童生活在一个父母之间教育理念矛盾的环境中，如妈妈希望儿童多去学一些特长，爸爸却总是在妈妈要求学习特长的时间带儿童出去玩，就会让儿童做事三心二意，无法全神贯注地去完成手上的事情。

家庭成员的关系、父母的教养方式在一定程度上对儿童的心理和行为都会产生影响。如果家长教养方式不当，极易造成儿童注意力方面的不足。如果父母多处于焦虑、紧张的关系中，儿童过早地感到压力，会将更多的资源分配到这些事情上，从而减少了对自身目标的关注。

学校因素包括老师的教学方法、班级的学习氛围、老师和同学的关系以及同学之间的关系。

在课堂上，老师的教学方法对学生的注意力有很大的影响，如果教学方法过于严厉，可能会让学生产生紧张感和无助感，久而久之会令学生对学习产生畏惧感。学习生活节奏的不适配也会增加儿童的心理和精神负担，使他们在学习的时候总产生逃避心理，容易拖延或被其他事情吸引。

除此之外，儿童的日常生活习惯、家庭和社会文化的价值观等因素都可能影响儿童的注意力水平和表现。只要出现一个消极的影响因素，注意力就很难得以维持。父母和教育工作者要注重对儿童专注力的培养，减少生活中不良行为和习惯对儿童注意力的影响。

四、在日常生活中培养注意力

从前面对儿童自身因素的分析中可以看出影响小学生注意力

发展的因素涉及儿童生活的每个环节，下面我们就从具体活动的角度，探讨吃饭和运动对儿童注意力的影响和偏科与注意力的关系。

（一）吃饭与注意力

小明的吃饭问题

小明是一名小学三年级的学生。最近，他非常喜欢吃各种"垃圾食品"，比如薯片、糖果和含糖饮料等。每天放学后，他都会用零用钱到学校旁边的小店买一大包薯片和一瓶可乐。早上，他也不愿意吃家里准备的健康早餐，总是嚷嚷要吃巧克力味的饼干。

但是时间久了，小明的妈妈发现，小明最近在学校的表现开始不佳。老师反映，小明上课时总是走神，不再像以前那样积极举手回答问题。做作业时，小明也经常走神，甚至有时会忘记写完整个问题。

小明的妈妈决定带小明去医院检查。医生告诉她，小明摄入了过多的糖分和"垃圾食品"，导致他的血糖波动，影响了他的注意力。医生建议小明改变饮食习惯，多吃蔬菜、水果和全谷食品，增加摄入蛋白质的同时减少糖分和油脂的摄入。

回家之后，小明的妈妈先是给小明讲解了零食的危害，又给小明买了各种各样的水果作为零食的替代品，同时也和小明约定，爸爸妈妈会集中在周末带他去买一些他最想吃的零食，把选择零食的权利交给他，但是要提前规定好金额，以免买太多。上学的时候小明的零花钱也不能用在买零食上，每天都要认真吃早饭。

在妈妈的引导下，小明开始改变饮食习惯，逐渐地，他在学校的注意力和表现都有了显著的提升。

注意力和饮食习惯

在儿童进入中小学阶段后，小明这样的情况并不少见。尽管对于中小学生来说，"吃饭"已经不是行为训练的主要内容，但对于注意力差的儿童来说，我们仍需要去审视这一基本生活行为。他们之所以注意力差，有可能是缺乏正确的饮食习惯，不但偏食导致身体不健康，还可能在吃饭这样的基本活动中形成了注意力不集中的毛病。吃饭对注意力发展的影响体现在生理上获取的营养和良好的进食习惯两个方面。

注意过程受到大脑中的神经递质和受体控制，包括多巴胺递质和受体、去甲肾上腺素递质和受体等。在正常情况下，我们的营养都来自食物，给儿童吃什么会直接影响到他们身心发育，也包括他们注意力的发展。

在日常生活中，父母总会给自己的宝贝做一些营养早餐：超市买来的瓶装果汁加上美味的小蛋糕，或者热狗、吐司面包和好喝的饮料，有时候饭后还会给儿童准备饼干作为饭后甜点。然而，在这些早餐中，其实就隐藏着很多影响儿童注意力的杀手。

比如美味的蛋糕、吐司面包和饼干，多有高糖、高油的成分。高糖会让儿童的血糖急速升高，在胰岛素分泌后，血糖又快速下降，使得儿童一开始很兴奋，但很快又昏昏欲睡，专注力自然低下。超市里的零食和饮品大多含有不健康的食品添加剂，色素和香精的存在使得食物更诱人。高油的食品中含有大量游离饱和脂肪酸，会导致血脑屏障中的蛋白转运体数量下降，使大脑皮层和海马体区缺乏葡萄糖，继而出现注意力不集中、反应迟缓等症状。

英国食品标准管理局曾委托南安普敦大学对这些食品添加剂进行进一步的研究。研究结果显示，有6种人工色素（包括人们熟知的柠檬黄、日落黄）会影响儿童的智力，严重时可导致儿童的智商值下降。长期摄入生产糖果和软饮料时经常使用的人工添加剂会导致多动症等行为障碍。

由于饮食导致注意力不集中的一个问题就是饮食结构不规范。正处于快速长身体时期的儿童总是偏好肉食，而顺从儿童食物欲望的家长却总会纳闷"宝贝平时看着机灵，一开始学习了，就笨笨的，而且学着学着就开始烦躁，东动一下、西瞅一下的"。

有时家长会陷入饮食的误区，并不是吃肉越多越好。人体内的蛋白质能激活脑细胞中的神经递质，有利于发展个体的记忆、思维和传递信息的能力。但是，偏好肉食的儿童摄入蛋白质过量，再加上没有蔬菜和水果中各类维生素的配合，一些代谢物质就可能抑制大脑中神经传递介质的活动，影响儿童的正常思维活动，使儿童发痴神游，没有精神。

如果儿童的饮食中缺乏铁、锌和 Omega-3 脂肪酸等重要的营养物质，同样可能会影响儿童的注意力和认知发展。

给家长的建议

我们身体所需的各种营养素，都能从食物中取得，并且食物也能提供原料以合成大脑重要的神经传导物质。想要帮助儿童有良好的注意力，父母就需要对儿童的饮食进行把关，帮助儿童养成科学的饮食习惯。

1. 早餐要吃好、吃饱

儿童的早餐要重质而不是重量，可以多增加一些粗粮，如小米、玉米、高粱米、糙米、燕麦、荞麦、全麦制品；同时也要保证丰富的蛋白质摄入。家长可以参考膳食指南，将蛋白质食物顺序改为豆、鱼、蛋、肉。牛奶和鸡蛋都对儿童的身体十分有益。

儿童早餐食欲较差，家长在准备早餐时要注重色香味形的搭配，使之更具有吸引力。

2. 午餐要注重营养均衡

午餐要让食品类型多样化，如果父母没有足够的时间给儿童做饭，也要多关注儿童的饮食搭配。午餐要有肉类、豆制品、蔬菜。"白肉"比"红肉"更健康，深颜色的蔬菜比浅颜色的蔬菜更有营养。需要注意的是，水果不可以代替蔬菜。直接吃新鲜的水果远比喝果汁的营养价值更高，榨汁反而会减少水果中丰富的膳食纤维。

3. 晚餐要易消化

晚餐要利于消化，不宜油腻，不宜吃得过饱。儿童在晚餐后最好不再进食。

4. 每日摄取足够的水分

水是身体最重要的成分，它与身体的 60%~80% 的重量有关。众所周知，饮水是最有益于健康的，但是我们却常常见到儿童只喝牛奶饮料，甚至把可乐、雪碧等运动饮料当成水来喝。这些饮品含有过多的卡路里，摄入太多会影响儿童的身体发育、注意力和认知发展水平。

5. 坚持正餐主义

家长要控制儿童对零食和正餐外食品的摄入，防止本末倒置。

儿童有时候很难抵制零食的诱惑，需要老师和父母的"场外帮助"，比如控制每天吃糖的数量，规定孩子买零食的数量和频率，通过图片、视频等方式给儿童讲零食的危害等。

（二）运动与注意力

小杰又开始运动了

小杰之前是个羽毛球迷，但是家长为了他上网课方便给他买了台电脑，之后他就整天坐在电脑前"打打杀杀"，沉浸在游戏的世界里。时间久了，爸爸妈妈很担心他的健康，因为小杰放学后几乎不参加任何户外运动或体育活动，以前热爱的羽毛球也不打了。好在小杰的身体没出现大毛病，爸爸妈妈也就没有管太多。

这天，小杰依旧坐在电脑前噼里啪啦地敲打着键盘，兴奋不已，这快乐没持续多久，就被一通电话打断了。

原来这段时间小杰在课堂上变得不够专心，作业不好好写，学习成绩也开始下滑。以前的小杰总是精力充沛，做事专心，下课时总是出去和同学打羽毛球，而不是像现在这样坐着不动，大声讨论游戏技能。老师发现小杰的状态越来越不好，就给小杰爸爸打了电话。

小杰的父母立马意识到，现在的小杰过度依赖电子设备，缺少足够的身体运动，这对他的注意力和学业表现产生了不利影响。

他们决定采取行动。第一，他们规定了每天电子设备使用的时间限制，以确保小杰有足够的时间参与体育活动和休息。第二，他们也抽出时间带着小杰参加户外活动，比如骑自行车、踢足球和跑步等。

随着更多的身体运动和电子设备使用频率与时长的减少，小杰的注意力和学业表现逐渐恢复到以前的良好状态。

充足的运动保障注意力发展

当儿童缺乏足够的运动时，他们的身体和大脑可能会受到不良影响，导致注意力不集中。

我们都知道，体育锻炼不仅能强身健体，还能加快身体的新陈代谢，减轻因压力而产生的焦虑，使人心情舒畅，集中精力工作。对于儿童来说，运动也有助于其保持头脑清醒，从而集中注意力。

美国伊利诺伊大学的科研人员曾对体育运动与学生学习成绩的关系展开了相关研究。结果表明，每当学生参加完体育活动后，学习专注度提高，学习成绩也更高。这些体育活动包括体育课上的体育运动和课外活动等。

有研究表明，适当的运动是儿童健康发育成长的必备条件。运动可以促进多巴胺及肾上腺素分泌。培养儿童定期运动的习惯可以帮助儿童在学习的时候注意力更加集中。如果儿童缺乏运动，大脑前额叶发育迟缓，更容易导致儿童患上多动症。适当的体育锻炼不仅可以帮助儿童将注意集中在当前时刻的活动或物体上，还有助于儿童注意力的发育。

我们拿篮球运动举例，儿童打篮球时，注意的对象更加集中，觉察或认识的客体数量更多，注意力的广度会加大。儿童在参与篮球运动时需要有意地去控制篮球，排除周围环境的干扰，专心致志，注意力的稳定性也就提高了。打篮球时，儿童需要身体的各部分良好协同，儿童在这个过程中会优化认知分配，促进意注意力发展。

儿童期大脑兴奋度高且可塑性强，对外部刺激更加敏感，是身心发育及社会适应发展的重要时期。儿童日常上的体育课有助于注意力广度、稳定性和迁移性的发展。儿童经历过系统的体育运动的训练后，更能够将注意力从干扰物或放空的状态重新转移到当前的活动上。

《中国儿童青少年身体活动指南》的数据显示，儿童青少年的运动负荷总量应该每天累积至少 60 分钟的中高强度身体活动，其中包括中等强度时间和每周不少于 3 天的高强度时间的总和。同时儿童要有增加肌肉力量的训练，以及促进骨骼健康的抗阻活动，每次的运动时间最少不得少于 10 分钟。

给家长的建议

在日常生活中，家长应当鼓励儿童多运动，让运动变成儿童生活的一部分。家庭成员平时应少看电视，而是一起踢毽子、打羽毛球等，逐渐提高儿童的运动速度、运动反应速度以及灵活性。同时，为了增加活动的趣味性，家庭成员还可以开展一些运动游戏，如把跑步变成追逐游戏，把跳绳变成竞赛形式。这样的互动既能提升儿童注意力，又能促进亲子关系的和谐发展。

家长还应密切关注孩子在学校的运动状态，尤其是体育课上的参与表现。低龄儿童天性好奇爱玩，而兴趣是驱动孩子投入运动的核心动力，家长可从以下角度科学引导：

第一，观察兴趣点。家长应留意孩子在体育课上对哪些运动形式（如跑步、跳绳、游戏等）更积极，判断课程内容是否与孩子的天性匹配。

第二，家庭趣味联动。家长应基于孩子好奇爱玩的特点，在家设计简易运动游戏（如障碍跑、亲子跳绳比赛），用趣味性调动孩子的自主性，既能帮助孩子放松身体，又能强化孩子对运动的兴趣。

第三，注意力维持。家长应通过家庭互动游戏培养孩子的运动专注度，如采用"寻宝跑""数字跳格子"等形式，让孩子在玩乐中自然保持注意力，再引导孩子将兴趣延伸到学校体育活动中。

儿童要根据年龄特点和体质特点，进行适当的体育锻炼。这类项目最好不要有男女之分，要有容易学习的规则。例如，飞镖、球类、跳绳等，它们的动作虽然简单，但是对速度提出了一定的要求，还需要脑、眼、手协调一致。只有这样，才能对儿童的观察力和注意力进行有效训练，对神经系统的协调发展有很大帮助。

（三）偏科与注意力

涵涵偏科了

涵涵的父母是中学语文老师，受到父母的影响，涵涵从小就喜欢看书，语文成绩特别棒，尤其是作文还发表在报纸上，同学们都称涵涵是"小作家"。但是，比起优秀的语文成绩，涵涵的英语成绩就有些惨不忍睹，一直在班级倒数几名。涵涵很着急，还让爸爸妈妈帮她报补习班。难过的是，补习后涵涵的英语成绩反而更差了。

小学五年级期末考试，涵涵的语文成绩是全班第一名，但是英语考了个不及格，难过的涵涵再也不想上英语课了。

看到孩子深受英语烦恼，涵涵妈妈叫来女儿谈心："我们的小公主究竟在为什么烦恼啊？"

涵涵皱起了包子脸："妈妈，我真的不想学英语了，我觉得我很笨，我学不会。"

"涵涵怎么会是笨小孩啊。"妈妈掐了掐涵涵的脸，"涵涵很厉害啊，语文又是第一呢。"

"可是我英语都去补课了也考不好，老师说第二天听写，我明明提前复习了但还是不记得。老师上课也很无聊，我完全听不进去她讲课。老师也故意针对我，我英语差还非要点名叫我起来朗读课文，我不喜欢学习她教的科目！"

妈妈笑："原来涵涵是不喜欢老师啊，可是英语老师很关心涵涵啊，涵涵上次考好的时候，英语老师不是还悄悄给涵涵本子作为奖励吗？"

涵涵想到英语老师送自己本子鼓励自己画面，忍不住红了脸，但还是嘴硬道："那我也不喜欢英语！英语哪有语文可爱，语文作业我可以第一时间写完，英语作业一点都不想写，一写作业我就忍不住走神，学英语有什么用啊，我又不是外国人。"

偏科的原因

在中小学阶段，孩子们对周围的世界有着非常强烈的好奇心，但是他们的大脑发育还不完全，神经系统兴奋和抑制过程发展不平衡，注意力很难持续性集中。因此，会存在孩子上课走神、做作业时总想着上卫生间或做其他的事情。同时，孩子的认知资源本来就非常有限，对于一些注意力本身就不太集中的孩子来说，面对中小学的众多科目，他们很自然地会只选择自己感兴趣的科目进行学习。

像涵涵这样的小学生并不少，他们的个性特点、思维方式、家庭环境、学习方法不同，学习行为也存在差异。显然，他们偏科的原因不大可能是智力方面的问题，而跟他们学习时的专注程度有关。如果问他们为什么有的课程学习很专心，有的课程则找不到感觉，难以集中注意，他们常常会回答"我喜欢""我感兴趣"。

为什么孩子们会偏科呢？

首先，孩子们更偏好自己擅长、有优势的科目，喜欢的科目就主动学、愿意学，有优势的科目会学得更顺利，感到控制感强、过程体验好，并且能够带来更多的表扬；不喜欢的科目就总是排斥它、回避它。孩子们在学习过程中如果不付出更多的努力就获得不了成就感，特别是当他们担心自己会在这门课程表现不好时，也会耍赖说："我是不喜欢这门课才学得不好。"像涵涵一样，孩子复习过却还是答不好，长久下去就会厌恶或恐惧该科目。

对于小学生而言，对老师的态度很容易导致他们喜欢或讨厌一门课。小学生对自我表现的认识很大程度上来自成人的反馈，很多家长在谈论自己孩子偏科时，总会提到讨厌的科目是因为"孩子觉得老师针对自己""老师上课很无聊"，喜欢的科目是因为"总是得到老师的夸奖"。不过，孩子觉得不被老师喜欢或不被老师看好，大多时候属于"误解"。如果缺乏及时的沟通和解决，很有可能会引起孩子对老师的反感，最终就会导致偏科。家长这时就是沟通孩子和老师的桥梁。家长在孩子的心中仍是一个权威的形象，如果家长多在孩子面前夸奖老师，谈论老师的优点，孩子也会逐渐对老师改观，学习的兴趣也慢慢提上来了。

另外，家长和老师的期望在影响到孩子学习主动性的同时，也会影响到他们对学习的态度。设想一下，孩子不知道怎么应对理解不了的知识点，想回到家长怀抱寻求安慰的时候，却只被问作业做完了没有，孩子会是一种怎样的心情。如果孩子一直不能满足家长对他的期望，他会越来越多地感受到压力和不安。

同样，"你怎么这么笨啊""为什么别人会你不会"，诸如此类的否定的话语就变成了一种负面的可怕的心理暗示。久而久之，孩子逐渐开始自卑，开始失去对这一科目的热情，产生严重的挫败感。

父母应当尊重孩子的个性和爱好，在知道孩子的兴趣之后，父母就可以有针对性地进行适当的培养。因此，要想让孩子的潜力发挥出来，父母就必须重视孩子的兴趣爱好，并为其提供一个好的学习环境。

给家长的建议

1. 吸引孩子的注意力

好奇是孩子兴趣的内在驱动力，独特、具有动态变化的物体最能吸引孩子的注意力。家长可以利用孩子对新事物的好奇心去培养其注意力，比如带孩子堆积木，通过堆积不同形状的积木来吸引他们的注意力，也可以带孩子到动物园去看一些有趣的动物。

为了维持孩子对某一项活动的持续兴趣，家长和老师应该注意这项活动的难度要适宜，处于既能让孩子感受到一定的挑战又能让孩子感觉到有意思的程度，最好能够将孩子原有的兴趣和孩子需要做的事情联系起来，培养和激发孩子新的兴趣。同时，家长和老师要尊重孩子的兴趣，不要用强迫的方式让孩子学习某些内容，不要抹杀孩子对学习以外事物的兴趣。

当孩子遇到不感兴趣的学习或活动时，家长可以帮助孩子改变认知，使其将注意力放在"我今天学会了什么"上，而不是"我今天考了几分"上。家长也可以让孩子设想"如果我做到了"的美好结果，以此激励孩子。这样通过提高孩子对将来成就的期待，从而把注意力更多地放在待提高科目的学习上。

2. 培养孩子的信心

在活动中老师和家长要注重细化过程性评价，重视孩子体验中的感受与疑惑，为孩子创设良好的环境。当孩子做得好的时候，"你很聪明""你这里的知识点掌握得很好""你有很大的进步"等赞扬和激励的话应该常常出现在对孩子的评价体系中。当孩子还存在不足时，家长和老师也要多表现出积极关注，"我相信你可以"的句式也会帮助孩子拥有去做的勇气。英国著名化学家戴维曾说："我的那些最重要的发现都是受到失败的启发而获得的。"只有敢于接受失败，并从失败中领悟和学到某些知识，总结出某些经验教训，这样才有可能通往成功。

值得关注的是，很多孩子因为畏惧失败就给自己找理由，以减轻内心的不安，但这种做法是不恰当的。如果一个人总是喜欢找理由，将自己的错误归咎于他人，而不是去反思自己的错误，就很难成长。

家长和老师要及时识别孩子的借口，并给孩子说清找借口的危害。家长要教会孩子承担起自己的责任，当遇到困难的时候，要勇敢地面对；当做错事的时候，要学会反省自己的错误，避免落入"不学习，因为我不感兴趣"的逃避模式。

3. 合理奖励

无论是精神奖励还是物质奖励，适当的奖励都有助于孩子兴趣的培养，言语的夸奖会增加孩子做事的勇气，物质上的奖励也会鼓励孩子做事的动机和增强孩子的注意力。家长和老师可以利用代币制的方式，与孩子约定：如果孩子做得好，达到了成人的期望，那么就可以获得代币，孩子可以积累代币来换取自己想要的东西。

但要注意的是，孩子们对获得物质奖励的期望有时候会破坏他们自身的兴趣和主动做事的动机，因此家长和老师的奖励一定要是合理的，满足孩子的适度需求即可。

第三章 自控力与好习惯

一、什么是自控力

自控力是指个体能够控制自身行为和情感的能力。为了探索自控力，斯坦福大学的米歇尔博士曾开展了一系列研究，其中最为著名是棉花糖实验。

斯坦福大学的米歇尔博士曾于 1966 年到 20 世纪 70 年代早期，在幼儿园进行过有关自制力的一系列心理学经典实验，其中最为经典的是棉花糖实验。研究者让 4 岁的儿童单独待在一个房间里，给他们一颗棉花糖，告诉他们如果忍住 15 分钟不吃那颗棉花糖，就可以再得到一颗棉花糖。

一台隐藏摄像机记录了房间里发生的事情。有的儿童在研究者一走就吃掉了棉花糖，有的儿童则尝试转移自己的注意力，如用手遮住眼睛、踢桌子玩、用手指戳棉花糖。还有的儿童凑上去闻，舔一下，或者在棉花糖边缘咬一小口，希望等实验者回来的时候不会被发现。共有大约 1/3 的儿童坚持了 15 分钟，并得到了奖励。

类似的实验共涉及 600 名 4~6 岁来自斯坦福大学附属的幼儿园的儿童。几年后，该研究小组回访了这些儿童，探究在棉花糖实验中选择延迟满足感的做法是否与他们获得的成就具有相关性。研究人员在后续跟踪研究中发现，那些能为得到更多奖励坚持忍耐更长时间的儿童通常具有更好的人生表现，比如更好的成绩、教育成就以及更优的其他指标。

从米歇尔的实验以及后续的调查不难看出，自控力对个体的各个方面的成长都有着重要的影响。美国心理学家对超过 100 万人进行了测试，结果显示，在社会上表现最为出色的高层人员都是自我控制力特别强的人，他们都具备让自己集中注意力高效完成工作任务的能力。普罗图斯曾说："能主宰自己灵魂的人，将永远被称为征服者的征服者。"相反，如果儿童缺乏应有的自控力，那他很可能会受到现实的诱惑，或者急于求成。这样的例子在生活中比比皆是。

更多的关于自控力的研究表明，自控力并非完全是先天的，而是可以通过适当的指导和培养来发展的。为了避免儿童由于缺乏自控力而可能导致的问题，家长和教育工作者应该帮助儿童培养和提高自控力。事实上，不论处于人生的哪个阶段，人们都可以通过训练来提高自控力，解决各种实际问题，如青少年上网成瘾和成年人戒烟等。

自控力的关键在于"自"，即能够自主做出决定并坚持执行。对于儿童来说，重要的不是仅仅教给他们知识，而是培养他们自己掌控自己，在日后的社会发展中展现出卓越的品质。具备较强自控力的孩子能够始终将自己的行为保持在可控的范围内，从而积极、有序地实现个人目标。

麦格尼格尔在《自控力》中写道："自控力最强的人不是从与自我的较量中获得自控，而是学会了如何接受相互冲突的自我，并将这些自我融为一体。"很多时候，我们的大脑会受到诱惑，从而产生一些可能和我们最初目标背道而驰的想法。这时候，我们没必要要求自己去摒弃这些想法，过度压抑反而会适得其反。比如说减肥需要控制饮食，我们没有必要去拼命压抑自己想吃东西的欲望，拼命地压抑总会导致暴饮暴食，只要控制好吃东西的量、次数，保持清淡饮食就可以。

自控力的培养很难以外界强加的办法来达成。对于儿童而言，其中枢神经系统尚未完全发育成熟，神经纤维尚未完全髓鞘化，自控力的获得更加困难。对于小学生来说，其自控力的培养需要从日常的点点滴滴做起，在冲突中把握平衡，学会在自控力挑战中获胜。

二、孩子的自主性

龙龙总是完不成任务

龙龙是个活泼好动的小男生，总是像一只小兔子般急匆匆地跳来跳去。当老师布置作业后，他总是迫不及待地抓起笔就开始写，但是又没想好思路，因此总是涂涂抹抹。每当写完后，龙龙的作业纸上都是黑漆漆的一片，字句也是横七竖八，没有头绪。

在生活中龙龙也是如此。他的书包里总是乱七八糟，书籍、文具混在一起；他的房间更是乱成一片，玩具和衣物到处都是，好像被一阵狂风吹过一样。爸爸妈妈训了他很多次，龙龙总是听话了两天，很快又恢复原状。

不过，令龙龙父母感到欣慰的是，龙龙总体上还算是个听话的孩子，爸爸妈妈让他写作业他就立马写作业，让他收拾屋子他就冲到房间开始整理。但是，最近龙龙妈妈开始发愁了。

"愁死了，也不知道咋回事，我家龙龙最近总是不好好写作业。"龙龙妈妈和朋友抱怨道。

"啊，是他老师最近找你了吗？"龙龙妈妈的朋友问。

"没有，这不是我和龙龙他爸从小就看着龙龙写作业嘛，这几天我俩都发现龙龙总是写着写着就愣神。"龙龙妈妈皱起眉头，"你说这小子，平时挺让人省心的，最近就是总跟我说不想去学习，做作业做不好了也埋怨我。我和他爸都给他安排好了学习计划，他学就行了呗，还那么多事。"

龙龙妈妈的朋友很惊讶："龙龙不是快要上初中了吗，怎么还让你们安排啊？现在的小孩不都挺有主见吗？"

"一个小孩要什么主见啊。"龙龙妈妈不赞同道，"从小龙龙就听我和他爸的话，让他干啥就干啥，都说什么青春期小孩叛逆，我看他就是欠收拾。"

回到家，龙龙妈妈自认为她是为了龙龙好，给龙龙制订了一系列的计划，但是与她的设想背道而驰，龙龙的学习状态越发糟糕。

龙龙的日常生活开始变得非常受限制：他必须按照妈妈的规定回到家吃完晚饭就开始写作业，而且不写完作业不许出门。睡前的反思也变得繁重。每天晚上，龙龙必须花时间考虑自己的学习进展，寻找自己的不足之处，这让他感到焦虑不已。周末更是不得了，除了上补习班外，他还必须完成大量额外的练习题，以符合妈妈设定的学习标准。这让他周末根本没有时间用于休息、娱乐或追求自己的兴趣爱好。

妈妈给他安排什么计划他就照做什么，龙龙如同一只被束缚住四肢的小兔子。

随着时间的推移，龙龙妈妈的学习计划开始对龙龙的情感和心理健康产生更严重的负面影响。龙龙感到沮丧、焦虑和疲惫，对学习失去了兴趣，因为这一切都变成了一种强加给他的责任，而非自愿的探索。

事事代劳剥夺孩子自控力的发展

龙龙妈妈的做法是出于对孩子的好意，但她的过度干涉和控制会导致孩子失去自主性以及对学习的兴趣。

首先，龙龙做事情总是杂乱无章，由于自己不加思考地行事，即使是崭新的白纸，也会在他的笔下变得乱糟糟的。频繁的碰壁之后，龙龙的自尊心和自信心受到了损害，无法排解情绪的他只好对着父母发泄。

其次，龙龙从未真正学会自我管理和自控。由于总是爸爸妈妈告诉他该做什么，龙龙从未有机会自己做决策、了解后果以及自主解决问题。这可能会让龙龙在面对日常生活中的挑战时感到无助。

最后，由于长时间的监管和指导，龙龙就像一个小机器人，只会习惯性地听从父母的安排，缺少自我规划的意识。这会让龙龙觉得自己无法独立完成任务，总是担心失败而缺乏尝试新事物和冒险的勇气。

儿童在成长过程中需要一定程度的自由和自主决策的机会，以培养他们的自控力和独立性。如果家长对儿童的行为进行较多的控制，儿童更有可能会出现问题行为，并发展出注意力不集中、多动和冲动等行为问题。以高控制水平为特征的育儿实践可能会干扰儿童自我调节能力的发展，限制儿童控制能力的提高。习惯了父母持续控制他们的行为和活动的儿童，会变得缺乏动力，不能激发探索外界的自然兴趣，相反他们可能会表现出注意力不佳等行为。

给家长的建议

1. 给予孩子一定自主权

鲁道夫·德雷克斯在《孩子：挑战》一书中写道，不论什么时候，当我们命令或强迫孩子做事情，就会导致权力之争。在现实生活中，类似龙龙这样的案例屡见不鲜。部分家长受"望子成龙"的急切心态驱使，习惯将孩子的日程填满，并以命令或强制的方式要求孩子执行既定安排。这种过度干预的教养方式，不仅剥夺了孩子自主探索与选择的空间，更易激发其抵触情绪，加剧亲子关系的紧张对立。事实上，即便在家族传承的传统语境下，每个孩子都是独立的生命个体，其自主决策的权利与自我发展的诉求理应得到尊重与保障。唯有给予孩子适度的成长自主权，方能在家族期许与个体发展之间找到平衡，实现真正意义上的良性成长。

在处理孩子相关事务的时候，家长如果不和孩子商量，只是一味地要求孩子顺着家长的意思去做，久而久之，易导致孩子形成被动型行为模式，使孩子逐渐丧失主见、陷入决策迟疑，更可能弱化其责任观，难以建立起对自身行为结果的主动承担意识，影响孩子的专注力与执行力，使孩子在面对任务时易出现注意力分散、行动缺乏规划性等问题，最终阻碍孩子综合能力的全面发展。

家长可以通过"分级赋权"的方式逐步培养孩子的自主决策能力。家长可以从日常生活的细微处入手，如允许孩子自主选择着装搭配，这类低风险、高参与度的小事能有效激发孩子的主体意识。当孩子出现选择犹豫时，家长可以采用"有限选项法"，如提供2~3种合理方案供其抉择，既能降低决策难度，又能引导孩子逐步建立选择逻辑。

家长应尽量避免以命令式的单向指令指导孩子做事，采用协商性语言与孩子对话，比如将"现在立刻收拾房间"转换为"你计划什么时候整理房间"，把"先写作业再玩"调整为"回家后先写作业和先玩耍，你觉得哪种安排更合适"……这种以提问、探讨为主的交流模式，既尊重了孩子的自我意识，又为其创造了表达观点、分析利弊的机会，从而在潜移默化中培育孩子独立思考与自主决策的能力。

2. 培养孩子独立思考的意识

孩子在成长的过程中，不可避免地会面临各类选择与问题解决的情境。若家长长期以"过度干预者"姿态替代孩子进行决策，孩子易形成依赖型思维模式——如同被外力驱动的陀螺，缺乏主动探索与行动的内驱力。长此以往，这种被动应对模式将显著削弱其自主决策能力，导致遇事犹豫不决，难以建立反思机制与自我管理体系。因此，在家庭教育中，父母应将培育孩子的独立思考能力置于核心位置，逐步引导其成长为具备自主意识与问题解决能力的个体。

当孩子出现类似龙龙这样的学习问题时，家长若单方面制订大量执行计划，易使孩子陷入被动接受指令的困境，沦为缺乏自主思考的执行者。相较之下，更有效的方式是营造平等对话的环境，引导孩子主动梳理学习困扰，自主评估学习状态。在此过程中，父母需避免直接对孩子的表述进行对错评判，以免引发两种负面效应：其一，孩子因过度依赖外界评价而丧失独立判断的能力；其二，孩子因害怕批评而产生心理防御，抑制主动思考意愿。唯有尊重孩子的自我表达，才能真正激发其独立解决问题的内在动力。

3. 引导孩子做计划

在培养孩子时间管理能力时，家长应避免大包大揽，应转而将重点放在引导孩子自主规划上。

初期，孩子可能因缺乏经验，难以精准判断事务优先级，此时家长可以通过适度干预提供支持。当孩子陷入规划困境时，家长可以通过启发式提问引导孩子思考，或者分享示范性计划供孩子参考，帮助孩子逐步建立任务排序的逻辑框架。若孩子能在参考基础上提出更合理的方案，家长应充分尊重孩子的自主性，鼓励孩子按个人计划执行。在计划制订环节，家长可以与孩子共同复盘检查，通过双向沟通，优化计划可行性。此外，面对孩子偶尔遗忘执行计划的情况，家长需以温和、耐心的方式提醒，避免过度督促而削弱孩子的主动性，从而助力孩子在实践中逐步提升自我管理能力。

需要注意的是，在亲子沟通中，家长需要格外留意语言表达方式对孩子心理的影响。家长采用过于强硬、命令式的语气，易激发孩子的逆反情绪，导致教育效果适得其反。相比之下，家长以幽默诙谐的方式传递建议，结合具体事例给予孩子真诚的夸奖，既能有效缓解孩子的心理防御，又能激发孩子的内在动力，往往能收获事半功倍的教育成效。

4. 客观评价孩子做的计划

在让孩子制订计划之前，家长也可以以聊天的方式，把自己的想法、孩子可能会忽略的问题告诉孩子，然后询问孩子的想法。当孩子对家长的计划产生怀疑时，家长应该允许孩子重新考虑事情的安排，必要时做出合理的调整。孩子自己制订的计划，通常会更好地执行。如果家长认为孩子的计划有问题，存在优化空间时，家长需要以客观分析替代主观否定。家长可以通过具体示例引导孩子反思：是时间分配与任务难度不匹配，还是因为缺乏统筹规划导致效率损耗？例如，家长指出某任务预留时间过长，或者某些并行任务未被合理整合，帮助孩子在理性探讨中主动发现问题，进而优化计划方案。

5. 督促孩子完成计划

当孩子制订计划后，家长可以充当监督者的角色。因为计划不实施，那就是纸上谈兵。孩子还小，自控力还不够强，有时候会存在忘记做的情况。这时家长就要提醒孩子，对孩子的完成情况进行检查。时间久了，孩子可以形成良好的习惯，准时完成自己的任务。

当然，也有一些时候，由于事先没有充分估计出任务的难度以及完成任务所需的时间，孩子可能因完不成自己制订的计划而感到沮丧，那家长就可以主动和孩子沟通，让孩子学习如何调整计划，使计划变得更加合理。

三、培养时间管理能力

小唐又想学习又想玩

"我不懂上学都那么累了，为什么放假还要写作业啊！"小唐在日记里写下，"爸爸还打我，我讨厌他们！"

小唐这么生气是因为他假期快结束了却还没完成作业，结果被爸爸打了。

"不就是玩游戏玩久了吗，好好说不行吗！之前主动写作业的时候没见到夸，作业本来就写不完了，谁愿意写那破作业啊！"

接连几天，挨了顿打的小唐更是一直躺在床上，父母进他房间，他就蒙在被子里，一门心思就是不写作业。

小唐的父母没招了，只好给班主任打电话。班主任意识到问题有点严重，连忙登门拜访。

不写作业是不写作业，但是老师该见还得见。不过，小唐说："哼！爸爸妈妈还在家我就不出来，快让他们走！"

小唐的父亲气得又要上前揍孩子。

小唐的母亲和老师连忙将他拦下，班主任说："要不您俩就先出门溜达溜达？我来和小唐聊聊。"

小唐的母亲拽着小唐的父亲出了门，躲在被子里的小唐也下了床。

班主任问："为什么不愿意写作业呢？"

"也……也不是不愿意写作业，就是讨厌他们总在我面前唠叨。我就不懂了，让我写作业就不能好好说吗？动不动就大声吼我，之前不管我，现在开始管了，烦死了。"小唐越说越激动。

班主任说："嗯，看来你的确很委屈，老师也理解你。不过，每个同学开学时都能交作业，就你不能，那多不好啊。"

小唐红了脸："能写能写，就是……"

班主任接着说："我会跟你的爸爸妈妈聊聊的，但是呢，也希望你能冷静下来，可以和他们聊一聊。"

小唐点头。

班主任又去和小唐的父母沟通了一下。

回到家的小唐的父母把小唐叫了出来，开了一个家庭会议。

小唐的父亲开口："之前是爸爸不对，爸爸不应该打你，但是你这也不对啊，你一个孩子怎么……"

眼看着他越说越激动，小唐的母亲连忙制止他："哎，你太激动了，老师怎么和我们说的你忘了？"小唐的母亲又对小唐说："小唐啊，爸爸妈妈也知道你学习累，前段时间你认真写作业的样子爸爸妈妈也都看到了眼里。但是，你起床起得比较晚，白天可用时间变少，又想玩游戏，又担心睡眠不足，那作业肯定就没精力做啊。你们老师也说了，这次作业并不是很难，合理安排好时间还是能做完的。睡不好觉精神不足，怎么能专注、'放大招'呢？爸爸妈妈不是不让你玩游戏，只是希望你能把自己的事情安排好，不要写作业的时候想着打游戏，打游戏的时候想着作业没写完。"

"啊对，我们也不是非要让你死读书，但是写作业是最基础的，你合理分配好时间，那作业总能一点一点地写完。"小唐的父亲也应和道，"而且你们老师还特意夸你，说你是个聪明的孩子，上课总是第一个举手回答问题，区区小作业对你来说很简单，但是你平时就总是丢三落四的，你看我都说了让你每天上学前把东西准备好，再检查一遍，你就是不听。"

"我知道了我知道了。"小唐挠了挠头，"爸爸妈妈，是我错了，我不应该玩手机就忘记写作业的，我把手机给你们保管，等写完作业你再给我。以后我也会早睡早起，合理安排我写作业的时间，出门前也都把东西检查好，你们来监督我可以吗？"

听着小唐的话，爸爸妈妈都露出了欣慰的微笑，三个人又一起制订了学习计划，上午精神足用来做数学作业，下午做语文和英语作业，每天可以玩一小时手机。终于，在开学前一天，小唐顺利完成了作业。

缺乏时间规划的原因

"不能按时完成作业"成为引发家庭冲突"导火索"的情况并不少见，特别是随着"双减"政策全面落地，孩子们拥有了更多自由时间，但由于自控力不足，许多孩子还不具备主动管理时间的能力。加上新冠疫情期间，线上线下学习模式频繁切换，这种不稳定的学习节奏极大增加了学习难度。对于孩子而言，仅靠自控力去适应多变的学习环境、完成全部学习任务，仍然存在较大困难。在家长忙于工作、无暇照管的假期里，孩子整天在家很容易被游戏等娱乐活动吸引，不知不觉中虚度大量时光。此外，不少孩子还存在时间管理能力不足的问题，如有的将日程安排得过于紧凑，看似争分夺秒，实则因缺乏合理规划，导致学习效率低下，反而事倍功半。

小唐的父母过往采用的单向度批评式教育模式，本质上是将行为矫正简化为结果问责，缺乏对认知过程的引导与建构。仅通过批评进行行为干预，不能引导孩子建立科学的自我监控与目标拆解机制。这种非系统性的管教方式，既未能建立有效的行为反馈机制，也难以帮助小唐建立任务规划的逻辑框架，致使其时间管理与条理性问题始终未能得到根本性改善。

在中小学阶段，孩子的逻辑思维尚处于发展期，认知的局限性使其行为常呈现出随机性与无序性，习惯以直觉驱动行动，缺少计划性，想到哪里做到哪里。与之形成鲜明对比的是，逻辑思维已趋成熟的家长往往难以理解孩子行为中的非系统性，面对其做事缺乏连贯性、易半途而废的表现，常因认知差异产生焦虑情绪，进而采用批评等简单化的干预方式。然而，情绪宣泄与直接指责不仅无法从根源上解决问题，反而可能加剧亲子矛盾——时间管理作为一项复合能力，本质上需要通过科学引导与针对性训练逐步培养。家长和教育工作者不需要每天跟在孩子的屁股后面要求他、督促他，从白天到黑夜都是命令的声音。在这种教养方式下成长的孩子，会缺乏自主性，有时因为不感兴趣也无法集中注意力，甚至会认为"这不是我想做的，我是被逼的，所以做不好我不需要负责"。值得注意的是，持续性的指令式教育与全天候的监督管理，虽短期内能维持行为规范，但可能对孩子的自主性发展造成潜在损害。在高压指令环境下成长的孩子，易形成被动执行的思维定式，不仅难以对任务产生内在驱动力，还可能因缺乏决策参与感而降低专注度，甚至衍生出责任规避心理，将行为结果归因于外部压力而非自身努力。

因此，家长与教育者亟须完成角色转变，即从"事无巨细的监督者"转变为"适度引导的支持者"，给予孩子自主规划生活的实践空间。这种"放手"并非放任自流，而是通过创设安全的试错环境，让孩子在亲身经历中积累经验，逐步建立起自我管理的意识与能力。

给家长的建议

1. 帮助孩子认识到时间的重要性

小学阶段的孩子由于时间感知能力尚在发展，常缺乏对时间价值的认知，导致拖延、低效等时间管理问题较为普遍。对此，家长可以从情感引导与具象化实践两方面着手，帮助孩子建立时间观念。比如可以和孩子聊聊今天做了什么，用日常的交谈来提高孩子对时间的感悟。

家长也可以送孩子一块手表，给孩子规定做事的时限，比如孩子想玩手机，家长就要告诉他只可以玩半小时，分针转半圈就要停下。这样做的目的是让孩子知道需要在规定时间完成自己应做的事。

如果孩子总是拖拉，没有在规定的时间内完成任务，家长可以偶尔地"放任"他，可适度采用"自然结果法"引导其建立时间责任感：允许孩子在安全范围内体验行为后果，如玩手机超出约定时长，则第二天自动缩减同等游戏时间。这种非惩罚性的引导方式能让孩子直观感受到时间规划的重要性。通过自主反思强化时间管理意识，比单纯说教更易产生教育效果。

家长需要明确，时间管理本质上是自我管理能力的重要组成部分，核心主体是孩子自身。家长在其中应定位为引导者与支持者，避免过度干预或全权代劳，进而剥夺孩子自主成长的机会。相较于频繁催促引发亲子对抗，更有效的方式是以温和提醒代替指令，既帮助孩子建立时间意识，又能维护孩子的自主性，减少逆反心理的滋生，真正实现从"他律"到"自律"的良性过渡。

2. 很多事情也不怕

　　孩子的精力是有限的，受认知发展水平与精力储备限制，孩子往往难以同时高效处理多项任务。家长可以从"优先级管理"与"统筹规划"两个维度，系统引导孩子优化时间与精力分配：

　　第一，建立任务优先级框架。家长可以协助孩子将待办事项梳理成清单，通过提问引导其自主评估任务属性（如截止时间、重要程度），并按"紧急且重要、重要不紧急、紧急不重要、不紧急不重要"四象限法则进行排序。这种方法能帮助孩子聚焦核心事务，避免因任务分散导致的精力损耗，显著提升执行效率。

　　第二，培养任务统筹思维。家长可以结合具体场景，指导孩子分析任务间的关联性与并行可能性。例如，孩子可以利用碎片化时间完成背诵类任务，在等待时同步处理简单事务；耗时较长的复杂任务可以拆解为阶段性小目标，搭配不同任务交替进行，以减少疲劳感。通过系统化的统筹策略，孩子可以实现时间资源的最大化利用。

第四章　认知发展与家庭应对

一、小学生的认知发展

小学生的认知能力

小学阶段，儿童学到不少知识。这些知识是他们认知发展的直接体现，但不能完全代表认知发展水平。获取知识不是小学生认知发展的目的，而更像是一种手段，用来训练他们进一步获得知识和技能的能力。这些能力既包括大脑的思维能力，也包括相关的行为方式，比如有规律、专注、在不同任务之间的切换和转移等。

简单来说，小学阶段的认知发展涉及以下四个方面：首先是思维能力。小学生逐渐懂得事物的分类以及其中的层级关系，并开始理解守恒，即当物体或物体的外形改变时，仍能认识到其数量、体积、面积等并没有改变。小学生还学会了传递思维，能推断事实之间的未明说的关系。例如，小毛比小明高、小明比小张高，所以小毛比小张高。不过，在这一时期，儿童的逻辑推理只能运用到具体的实例中，一般还不能进行抽象的思维。这就是为什么，在帮助儿童理解大小关系的逻辑传递时，单用语言讲述很难让他们理解，但如果辅以物品展示，他们就能理解其中的关系。其次是记忆能力，包括积累一定的知识库，可以快速合理地使用这些知识来理解周围的现象和掌握新的知识。再次是语言能力，包括能够流畅地使用日常语言和课堂语言进行表达，能够进行一定程度的字句识读。最后是注意和控制能力，包括逐渐学会对任务做出评价、思考怎样完成任务、将注意集中在与任务相关的活动上、监控自己的行为并做出调整，比如考虑完成家庭作业的办法和时间安排。

注意和控制能力的发展是小学生认知发展的基础。随着大脑的发育，小学生的选择性注意能力不断提高，不但能注意多个刺激，更能选择性地将注意集中在更有价值的活动上。这让他们能够在课堂上专心听讲，忽略让人分心的事情。选择性注意能力也在相当程度上决定了小学生社交能力的发展，使他们能专注于与之交流的人，观察对方的动作、语言和表情，理解其传递的信息甚至背后的态度。注意力的核心机制是控制进程。控制进程要求大脑像公司的首席执行官那样对心理操作加以组织，排定优先次序并给予指导。控制进程在 10 岁儿童身上比在 6 岁儿童身上有明显的提高，这使他们更可能专心听老师讲解知识，而忽略旁边的同学正在搞小动作。

在看待小学生的认知发展时，我们不应该把关注的焦点仅仅放在孩子的成绩上。很多人可能会认为，认知发展水平高的孩子的成绩一定也很好，但事实并非如此。尽管认知发展水平与学习成绩有很高的关联度，但两者之间并不存在必然的因果关系。有的孩子在思维能力、记忆能力、语言能力和注意和控制能力方面都取得了良好的发展，在成绩上却不怎么出类拔萃；有的孩子认知发展方面并没有突出的优势，成绩却很拔尖。这是因为认知发展是多维能力的综合体现（如思维、记忆、语言等），而成绩不仅受认知能力影响，还会被学习动机、应试技巧、学科兴趣等非认知因素左右。就像有的孩子逻辑思维强但因粗心失分，有的孩子靠反复练习提升成绩，却未必具备高阶认知能力。如果一个孩子用了别的孩子三倍的时间去啃书本，最终取得了较好的成绩，对于这样的情况，家长除了夸奖孩子勤奋外，还应该好好审视一下孩子的认知发展水平。如果孩子在小学时思维能力、记忆能力、注意和控制能力的发展水平比较落后，尽管靠加倍的努力取得了较好成绩，但到了中学，这样的孩子很可能吃不消、学习跟不上。

促进孩子的认知发展

怎样保证小学阶段儿童的认知能力得到充分的发展呢？除了学校提供的系统学习和训练外，家长还应注意孩子的行为对其认知发展产生的影响。可以影响小学生认知发展的行为因素非常多，可以说孩子行为的方方面面都关乎他们的认知发展。例如，前文谈到的良好的饮食习惯和运动习惯，如果营养不良或运动不足，孩子的身体发育就成问题，一方面难以在学习训练中保持精力充沛，另一方面也可能造成大脑发育的迟缓，出现认知发展中的障碍。又如，如果孩子在家里被溺爱而任性、处处以自我为中心，在学校里很可能难以交到朋友，孤立而又敏感的他也就难以把注意力集中在学习活动上。事实上，当我们培养孩子的生活习惯时，也是在进行注意和控制能力的训练。如果孩子在家里能轻松做到先看半小时电视，再专心地做一小时作业和读半小时课外读物，再跟妈妈聊天 20 分钟，最后去洗漱睡觉，毫无疑问，孩子在其他场所的学习也会很专注。

为了让孩子顺利高效地完成家庭作业，很多家长都会陪伴和辅导孩子做作业。对于小学阶段的儿童尤其是小学低年级的儿童来说，这样的行为训练是必要的。家长在"守"孩子的家庭作业时，最好先帮助孩子回顾一下要完成的所有任务，预估需要的时间和难度，确定完成任务的顺序。这其实是在对孩子进行"计划"训练。整个作业时间可以分成几个阶段，孩子的专注力越好，每个阶段的持续时间就越长。家长应与孩子约定，只在分段的间隙喝水、上厕所和做必要的其他活动。孩子做作业的时候，家长不要紧盯着孩子，更不要随时纠正孩子的错误。家长可以坐在离孩子稍远的地方，保持安静。家长最好在旁边看书、练字等，以营造一种大家一起学习的氛围。每门作业完成后，家长再进行检查和讨论。如果在写作业的过程中，孩子总是问家长该怎么做，家长最好要求孩子先按自己的想法完成，再按既定的程序进行检查和修改。总之，为小学生"守"作业带来的最有价值的收获，是孩子养成了专注、自控且独立的好习惯。

对小学阶段的儿童来说，学习往往需要较多的反复练习。练习意味着反复使用一种办法直到形成自动化的过程。一旦某种办法或思路自动化，孩子在完成同样的任务时，所花的时间就会大大减少。小学生需要进行大量的练习来促成思维活动的自动化。开始时是非常简单的任务，比如重复写同一个字、做同一道加减运算题。随着简单任务的自动化积累，孩子就能完成更为复杂的任务。因此，对小学阶段的儿童，家长必须帮助他们安静耐心地完成简单重复的练习，避免对他们说"这个很简单"，也不要给他们出主意，不能让他们走捷径而更快地完成任务。

小学生基于具体的实际经验来思考，对无直接经验的事物，一般难以真正体会其背后的含义。因此，家长在与小学生沟通交流时，应避免讲抽象的大道理，最好将讨论的主题和将要进行的行动跟实际现象或事例结合起来。小学阶段的儿童常常基于单一的事件就归纳得出结论，而这些结论很可能是不准确的、武断的甚至是错误的。出现这种情况时，不少家长习惯指出孩子的错误后直接告诉孩子正确的答案。事实上，促进归纳推理的一个重要因素是重复观察，对同一类型的事物观察多了、看到各种不同的结果，儿童就会慢慢调整自己的认识，使之越来越合理。

发展专业能力要慎重

有些家长早早地对孩子进行专业培养，让孩子每天花大量时间接受围棋、钢琴、舞蹈等训练，期望让孩子早早地脱颖而出。但不少家长也发现，当孩子在某一方面取得超常的成绩时，在其他方面往往渐渐地落后了，甚至变得不喜欢跟人打交道、没有朋友，或者跟人打交道时显得紧张笨拙。儿童的确可能在某些专业方面获得突出的发展，但这也意味着需要进行大量的反复训练。高强度的枯燥训练需要相当强的动机来支撑，但儿童的兴趣常常源于对某件事情的简单观察。儿童很可能因为"看起来很好"而对一件事情感兴趣，很难长时间发自内心地愿意去承受高强度的训练。儿童之所以能够坚持下来，很可能是感受到来自家长的压力。当然，随着时间的推移，由于生活长期按照某种单调的方式运转，儿童也就没有机会去了解其他可能参与的活动，他们似乎没有别的选择。

那么，究竟要不要让孩子发展专业能力呢？首先，家长应允许孩子多尝试，但不要太快做出选择。孩子很可能看见钢琴就缠着家长说"要学"。这时候，家长可以让孩子尝试去学学，但大可不必马上就买钢琴、请专业的老师、做中长期的规划。即使家庭经济状况很好，花这些钱毫无压力，也不能急于选择。一方面，这种随意冲动的处理会给孩子树立不好的榜样；另一方面，当孩子弄明白练钢琴究竟是怎么一回事、想改变主意时，家长曾经大费周章的行动会让他们感到选择的压力。就此打住吧，意味着

"我"是一个说话不算数的人；继续坚持吧，又不是"我"想做的。其次，要充分评估孩子接受专业训练的代价，如果专业训练致使孩子在其他方面得不到应有的发展，或者影响到孩子的社会生活甚至引起社交能力发展的滞后，家长就必须降低专业训练的强度或停止专业训练。小学阶段是儿童群体观念、社交能力、语言、逻辑思维发展的关键阶段，必须把这些基本能力的全面发展放在第一位，因为错过了发展关键期，就意味着需要加倍的条件和训练才能提升滞后的发展水平，甚至有些发展漏洞可能永远没有机会去补上。总之，对于小学阶段的儿童来说，专业能力的发展必须让位于基本心智的全面发展。

勤奋与自卑

埃里克森曾提出，儿童会经历勤奋和自卑危机，并最终使儿童感到自信或自我怀疑。在成年人看来，小学生的学习活动很多都是枯燥乏味的。尤其是低年级的小学生，一次又一次地重复写简单的字词或加减数字，那该是多么无聊的事。但是，很多小学生都乐在其中，他们读完一篇课文、写满一页字，便会感到快乐和有成就感，这些小学生就是埃里克森所说的"勤奋的人"。这些儿童相信自己能做到，便积极投入并坚持完成任务，对手中任务的控制感促使他们勤奋学习。完成了学习任务，看到自己的成果，又会让儿童更加坚信自己是勤奋者。与此相对的是"自卑的人"，这些儿童自我怀疑，不相信自己能够完成任务，面对任务时不知所措。例如，面对数学难题，他们感到很陌生，不知道如何着手，更不相信自己能想办法解决。他们往往没有尝试就放弃了，或者只是粗浅地试试就说"我不会做"。儿童在学业上"自卑"的根本原因是不相信自己能够想办法解决问题，但在学业上"自卑"

的儿童很可能在其他方面是一个"勤奋的人",如没完没了地调皮捣蛋。这是因为他们在调皮捣蛋方面足够"在行",相信自己在这方面能够表现出足够的"优势"。

家长在与小学生讨论他们的学习时,不要一味地拿分数说事,比如"你考了多少分""比别的同学差多少""你要努力赶上",而是应该提示他们关注解决问题的过程,比如:"这次考了 90 分,大部分题都答对了,第一道题你为什么答上了?"孩子很可能说,"那天老师在课上讲过,我记住了"或"昨天做作业,我练习过这道题"。讨论做对了的题之后,再讨论做错了的题,这样孩子很可能自己就能够找到原因,并且想明白该怎么办。对于小学生来说,回顾正确的做法,一方面能强化这些做法,使好的处理方式自动化、稳定下来;另一方面能体验掌控感,觉得自己能够做到。如果只是围绕孩子的错误展开讨论,孩子很可能对如何解决问题感到茫然,最后仅仅是跟着家长的要求去再做一遍。如果总是达不到家长的要求,孩子就会对自己失去信心,成为埃里克森说的"自卑的人"。

此外,为了让孩子成为"勤奋者",家长可以让他们参加擅长的活动。随着在活动中完成任务和取得成绩,他们会把自己看成"勤奋的人"而不是"自卑的人"。不过,参加任何活动都应该有现实的目标。这些目标不应该是空洞的辉煌未来,比如一学弹钢琴就说要像钢琴家一样,而是短期的可行的成果,比如每天(或每周、每月)孩子通过必要的自律就可以取得的成绩。总之,小学阶段的孩子不管参加什么活动,课程学习也好、特长训练也好,最重要的收获是他们越来越相信"自己能做到",也就是成为"勤奋的人"。任何眼下的成就,代价如果是使孩子在这方面变成"自卑的人",那都是得不偿失的。

二、陪伴者式辅导作业

涛涛的爸妈的烦恼

又到了"守作业"的时间了，涛涛的爸妈的眉头又开始紧锁起来，盘算着今天又轮到谁来辅导涛涛的作业。辅导涛涛的作业是一项既费神又费力的挑战性任务，父母为八岁的涛涛操碎了心，一辅导涛涛写作业，家里就会闹出不愉快来。

老师来家访时，涛涛的爸爸一脸无奈地笑称，平日里不陪写作业时都是"母慈子孝""父仁子顺"，只要一辅导作业就是"鸡飞狗跳""不得安宁"。可不陪着写作业又不行，涛涛肯定不能完成。

自从上了小学后，涛涛的成绩一直都是不温不火的，涛涛的爸妈逐渐有些着急了。每次辅导作业，涛涛的爸妈都觉得涛涛反应很慢、注意力不集中，有时简单的问题也没理解，涛涛的爸妈就忍不住发脾气。

虽然涛涛的爸妈一直坚持辅导涛涛写作业，可是涛涛不仅成绩不见长进，反而更不喜欢学习了。涛涛的爸妈也开始反思自己是不是哪里做错了。

做一个陪伴者

涛涛的爸妈为辅导涛涛写作业而烦恼是一个十分普遍的现象。对于小学生来说，辅导作业这件事是比较重要的。小学生正处于知识学习的起步阶段，他们需要逐渐掌握语言、数学、科学等基础知识，但许多知识是比较抽象的，在学校时有老师的引导，回家后常常也需要父母的帮助。作业是巩固和检验学习成果的重要手段，也是提高孩子学习和思维能力的重要途径，更重要的是培养良好的学习习惯和兴趣。

离开学校后，学习并没有停止，家长有很多可以做的事情。首先，家长需要通过孩子的作业成果，充分了解孩子的学习进度和对知识的掌握情况，针对孩子的特点进行个性化的辅导。其次，家长需要保持耐心，引导而不是代替孩子完成作业，既要帮助孩子解决遇到的问题和困难，又要注意保护孩子的自尊心和自信心。最后，家长需要与孩子保持沟通和交流，帮助孩子建立正确的学习态度和价值观。

从心理学的角度来看，父母在辅导孩子作业时，可能会发生社会抑制现象。该现象是指当一个人在做事时，如果有他人在场，做事的效率和发挥的水平可能会降低。这是因为当被人关注时，人们会在意别人对自己的评价，担心自己做得不好，这会让人们感到紧张，进而影响人们的表现。因此，父母在辅导作业时，应该把自己的角色安排为"陪伴者"，而不是一味地教训和施压。父母的情绪状态在其中显得尤为重要，可能会直接影响孩子的学习效果，甚至影响孩子的心理健康。孩子在学习过程中的情绪体验会和学习到的知识一起在记忆中打包储存，如果父母在辅导作业时经常发脾气、情绪失控，这些情绪体验可能会和学习到的知识一起被储存，影响孩子的学习动机、兴趣和能力，影响孩子未来的学习效果，甚至导致孩子厌学。

辅导小学生作业是一项非常辛苦的任务，需要家长付出大量的时间和精力，家长可能会面临很多挑战和问题。例如，孩子可能会对学习不感兴趣或缺乏自律性，总是无法按时完成作业或完成作业的质量不高；孩子常常会遇到一些理解不了的问题，需要家长耐心讲解和指导；孩子可能会因为学业压力过大而产生焦虑或厌学情绪，需要家长关注和安慰；孩子学习效率不高或产生抵触情绪时，家长如何保持情绪稳定、进行理性沟通等。

几点具体的做法

涛涛的父母能够坚持陪伴孩子写作业，其实已经做得很不错了。如果有家长也和涛涛的父母一样遇到这些辅导作业上的困难，不妨看看以下几点具体的做法，也许可以帮助家长们做出调整。

首先是不要"监视"孩子写作业，而是要给孩子提供一个安静、整洁、有序的学习环境，创造出良好的学习氛围。家长可以在一旁看书学习，带动孩子投入作业中去，减少可能带来的抑制效应。

其次是家长应帮助孩子制订短期的、合理的学习计划。小学生对时间的感知可能还不太敏感，如果父母和孩子一起安排好每天的学习时间和任务，可以让孩子逐渐学会如何去做计划，根据时间的安排来行动，提高自己对时间的感知并学会管理时间。

再次是家长应在孩子学习过程中，鼓励孩子独立思考和提问。

例如，作业中的某一题孩子不会做，家长如果直接将思考过程和结果进行讲解，孩子下次可能会忘记。但是，如果家长将题目进行拆解，一步一步地引导孩子思考，让他们自己说出下一步如何做，孩子就会在脑海形成这个思维过程，更好地理解和掌握知识。

最后是家长要足够有耐心，不要因为孩子的错误或困难而过度焦虑或发脾气，这会让孩子感到压力和恐惧，从而更不利于学习。当家长觉得自己的负面情绪难以控制时，可以暂时离开一下以转移注意力。家长如果能尽量保持冷静、耐心和稳定的情绪，孩子不但不会产生压力，反而会形成良好的互动关系。当孩子完成作业或取得进步时，父母可以适当表扬和奖励。这可以增强孩子的自信心和学习动力。但家长也要注意，不要过多地使用物质奖励，要让孩子明白学习是自己的事情，而不是为了获得某个东西。家长要更多地帮助孩子形成较强的内驱力。

三、兴趣班，是上还是不上

每个孩子都是家庭的宝贝，父母即便没有"望子成龙"或"望女成凤"的想法，也都早早开始为孩子的未来做打算，希望孩子能在未来有光明的前途。在过去，大多数家长可能将目光放在学校课程上。家长让孩子参加一些课外的主科补习，被形容为努力"鸡娃"。在素质教育导向下，许多家长将"鸡娃"的重心逐渐向兴趣培养靠拢，也是为了孩子在未来升学时能多一些专业选择方向。兴趣特长机构的培训费用对于家长来说也是一笔不小的开支。孩子究竟需不需要上兴趣班？不走文体专业路线的孩子有必要进行兴趣班的培养吗？对这些问题，很多家长都感到困惑。

两个故事

1. 妈妈陈静的纠结

为了迎接即将到来的儿童节，李老师鼓励四年级二班的孩子们踊跃报名文艺演出，家长们纷纷忙碌起来。陈静（化名）在家长群里看到李老师的通知，感到有一些纠结。这几年，她给宝贝奔奔也报过不少课外的兴趣班，吉他、画画、街舞、跆拳道还有架子鼓，这些算下来也花了不少钱，大部分兴趣班孩子学了一阵没兴趣就放弃了，只有架子鼓还在学着。陈静给孩子买了一套插电的架子鼓可以在家练习，但孩子近来因为写作业的效率不高，架子鼓也练习得比较少。陈静本来想着让奔奔和其他学乐器的孩子组队排练一个节目，但因为排练场地和设备都比较麻烦又耽误时间，又担心期末了会影响孩子的学习，于是暂时没有给奔奔报名。

其实上一次班级活动后，陈静就有些动摇，想让奔奔把画画再学起来，加强一下艺术方面的培养。奔奔的小伙伴们真厉害，都是十来岁的孩子，有的已经过了钢琴十级，有的能非常流畅地跳完一支舞，有的可以流利地进行英文交流。这让陈静感觉到了前所未有的压力，别人家的孩子那么优秀，自己的宝贝以后长大了拿什么去竞争呢？陈静将自己的担忧和丈夫王宇（化名）进行了沟通，两人却因此发生了激烈的争吵。

"辅导好学习就可以了，学那些有什么用，又费钱又费时间。我们小时候没学那些不是也长大了找到工作了，你天天就知道折腾，跟别人比这件事儿就没有尽头！"丈夫王宇的想法比较传统，他觉得孩子只要学习好就可以了，没必要在兴趣班这些事上费太多精力。

陈静对此非常生气："我为了孩子全面发展，做了这么多事情，你上来就否定这一切？你也太落伍了，现在的社会环境和咱们小时候能一样吗？现在谁家孩子不学几个技能傍身，都像以前一样养孩子，那咱们孩子以后肯定吃亏！"一番争吵下来还是没有结果，陈静冷静思考后，也没有想明白奔奔究竟是否适合上这些兴趣班。

2. 轩轩拒绝再去兴趣班

"老板，实在不好意思，孩子老师打电话说出了点事，我得请个假去一趟，真的很抱歉！"梦华满脸窘迫地跟店长开口请假，得到应允后赶紧打车赶去接孩子。

梦华虽然不是新手妈妈了，但二胎宝贝轩轩却常常惹出一些小事让她感到措手不及。轩轩进入一年级后，每天的精力好像更加旺盛了。梦华给轩轩报名了周六的算术班和跆拳道班，正好是自己上班的时间，以为可以轻松一些，却不想孩子似乎一直没有适应进入小学后的生活节奏，上算术班时总是开小差，算术班上了一段时间也不见长进。今天下午跆拳道班老师打来电话，说轩轩在课间休息时间和同学打了起来，老师及时制止才避免了孩子们受伤，而后老师让家长先带孩子回家更换衣服。梦华强忍住怒气，板着脸带着轩轩回家，路上一言不发。

"妈妈，呜呜呜，我不想上这个课了，再也不想上了。"轩轩换好衣服后开始哭闹耍赖。梦华感到不解，跆拳道是轩轩自己说过的最喜欢的课，怎么突然又不想去了。已经交了一学期的费用，怎么说也不能浪费，梦华只能先安抚一下轩轩，让他先在家完成上午算术课老师布置的小作业，打算等轩轩情绪稳定后再和他聊聊在跆拳道班打架的事。

轩轩刚坐下来翻开算术书，就玩起了橡皮，几分钟过去了，一道算术题都没有做出来，梦华心里的火再也压不住了。"算术班的老师上午不是刚刚讲过吗？你是不会做还是不想做？妈妈花了那么多钱，你啥也没学吗？把手放好，坐端正！就这么一点作业，做不完作业不许吃饭！"梦华大发脾气，她不理解自己花了那么多精力和金钱，为什么没有得到一个听话的宝宝。轩轩大哭起来，把橡皮和笔随手扔掉："为什么要算术？我不要算术。"梦华崩溃地离开书桌，听着孩子的哭声既生气又无助。

孩子适合上兴趣班吗？

关于孩子是否适合上课外的兴趣班的问题，我们首先要了解的是儿童的智力发展规律。著名的儿童心理学家让·皮亚杰对儿童的智力发展提出过他的观点。他认为，智力活动是基本的生活机能，它帮助儿童适应周围环境，在这个过程中儿童不断调整自己的行为，不停地建构着自己的认知图式，并通过组织和适应不断修改这些图式。在皮亚杰看来，儿童是主动的、富于创造性的探索者，保持儿童的学习热情和好奇心是非常重要的。皮亚杰将智力发展分为次序不变的四个阶段，分别是感知运算阶段、前运算阶段、具体运算阶段、形式运算阶段。6~12岁的儿童处于具体运算阶段。这一阶段的儿童的认知和思想有两个特点：一是能凭借具体事物或形象进行分类和理解逻辑关系；二是能对具体事物进行群集运算，包括组合性、逆向性、结合性、同一性、重复性或多余性等运算。在这个时期，儿童已经开始接收一些抽象的概念，但更多的是需要一些具体内容的支持。

不同儿童的发展情况是不同的，在不同年龄段的成长节奏都可能不一样。我们可以给孩子多种多样的体会不同事物的机会，如果孩子能表现出自己的喜好和天赋，家长可以支持孩子的兴趣。

在孩子最初的热情随时间有所消弭的时候，家长应鼓励和陪伴他们坚持下去。如果孩子没有特别的喜好，家长也可以带着孩子多多尝试。但是，如果孩子在学业上已经比较吃力，那可能说明在当前这个时间段孩子还不适合更多的学习内容。

对于上文的奔奔来说，能够坚持架子鼓的学习应该得到夸奖，如果父母再给孩子增加其他兴趣班的学习，奔奔可能会产生负担和压力。不论是日常的玩耍、课程学习、兴趣班还是课外的其他活动，家长最重要的是鼓励并支持孩子保持热情和好奇心。对于小学阶段的孩子来说，如果进行兴趣的培养，那么考级、比赛，或者对一项技能精通到什么程度，似乎不是最重要的，能否保持热情地坚持下去可能更加重要。家长可以陪伴并帮助孩子一起在学习中分享感受、发现问题并解决问题，在孩子展示自己时给予充分的肯定。这个过程会激发孩子的想象力，他们会以更加健康的心理状态去取得进步。这种进步不仅仅是技能上的进步，更是心智上的全面进步。

跟轩轩妈妈一样，很多家长都遇到过孩子拒绝继续上兴趣班的问题。在这种情况下，家长首先要清楚了解孩子的想法。

关于孩子是否需要上兴趣班、上什么样的兴趣班，家长需要听取孩子的想法，充分体会孩子的感受。家长在给孩子报兴趣班时，要让孩子有一个尝试阶段。在可承受的范围内，梦华可以像陈静一样，让孩子多接触不同的东西，观察孩子的偏好和性格，做出较为匹配的选择。轩轩是否真的喜欢算术课，他目前能否接受那些知识，这是梦华要思考的问题。如果孩子不喜欢并且学业压力太大，效果可能适得其反。

同时，家长还应该对孩子的兴趣变化有所准备，孩子之所以"变卦"，可能是因为知识太难、对重复的练习失去耐心，或者人际关系紧张等。轩轩不想去曾经最喜欢的跆拳道班，可能是因为他与同学发生了矛盾，导致关系紧张。梦华可以从这个方向入手，帮助轩轩分析矛盾产生的原因并一起找到解决办法，让轩轩逐渐学会如何和朋友相处。如果孩子畏难不前或失去耐心，家长可以表达自己鼓励和支持的立场。学习和成长离不开努力与时间，家长要表明自己的积极态度，帮助孩子面对困难、解决问题。

不论是哪一种情况，家长都需要根据孩子的特点，先帮孩子分析自己的优点并给予充分的肯定，再引导孩子去面对困难、解决问题，使孩子了解自己还可以改进的地方，给孩子时间去适应。这样孩子就能更加全面和乐观地了解自己，并能更加开放地去开展互动和学习。

家长完全替孩子做决定的话，可能会使孩子产生抵触心理。学习知识和技能的主角是孩子，家长可以正面沟通，也可以侧面观察，只有深入了解了孩子的想法和感受，才能帮助孩子选择最适合自己的东西。正如著名的儿童心理学家德雷克斯所说："永远不要替孩子做任何他自己会做的事情。"让孩子学会做事的方法并鼓励孩子自己去做，或许能让孩子走得更加顺利、长远。

上兴趣班也要重视全面发展

究竟是应该把精力都放在孩子的学业上，还是应该给孩子进行更多的兴趣培养呢？其实，基本心智的全面发展是小学阶段儿童教育的首要任务，不管是课程学习还是兴趣班学习，都应该重视儿童在身体、智力、情感、社交和语言等方面都能有所发展。

许多家长可能和上文的陈静一样，认为兴趣班是为了培养孩子的兴趣爱好和技能，发掘孩子的特长，从而形成孩子的优势和才能。其实兴趣班的目的和作用远不止于此。例如，像乐器、绘画等需要独自进行反复练习的兴趣活动往往可以很好地促进孩子专注力的提升，而像足球、篮球等需要组建团队的兴趣活动，则可以促进孩子的人际交往能力和团队合作能力的提升。

通过上兴趣班，孩子可以发现和培养自己的兴趣爱好，在不断尝试和探索中获得成就感。如果孩子在某个方面有特长或对某个领域特别感兴趣，通过上兴趣班可以得到更多的锻炼和肯定，这可以增强他们的自信心和自尊心，从而更好地发挥自己的创造力。

借助兴趣，孩子可以成为埃里克森所说的"勤奋的人"。小学生的很多学习活动都是重复的，兴趣学习的基础阶段也有很多简单重复的部分。在兴趣的驱动和鼓励下，孩子投入在自己慢慢擅长的事情中，相信自己能够将一首曲子弹好，将一个球发好……在一次又一次的任务完成中，孩子相信自己可以完成那些现实的目标，更加主动地学习和练习。

在兴趣班的学习、与同伴的交往中，如果孩子体验到的成就感来自其自身的进步和突破，就会促进其积极地自我评价。但是，家长要注意避免孩子总想把身边的人比下去，家长要引导孩子关注自己的成长和进步，看到自己的优点和不足，并且要学会尊重和欣赏他人。

家长尤其应该避免上兴趣班成为孩子全面发展的障碍。如果家长在孩子面前过度强调兴趣班的重要性，或者让孩子必须去上不感兴趣的课程，会给孩子带来压力和焦虑。这些负面情绪会影响孩子的心理健康，也通常不会达到家长想要的效果。让孩子上了过多的兴趣班，则会占用他们大量的时间和精力，导致他们没有足够的自由时间去放松。疲累的孩子更难专心做事，并会减弱他们的学习热情。在一些兴趣班中，孩子可能会面临来自其他同学的竞争压力，这种压力可能会让孩子过于追求专业成绩，而忽略了其他方面的成长和发展。因此，家长需要根据孩子的兴趣、特长和需求来选择是否让孩子上兴趣班，并注意控制兴趣班的数量和频率，让孩子有足够的自由时间和空间来实现全面发展。

第五章　小学时期的亲子关系

一、家庭给孩子什么

家庭——安全和谐之源

尽管孩子进了学校，但是家庭仍是他们最为重要的成长环境。对于小学阶段的儿童来说，家庭的功能包括提供物质条件、满足孩子的生理需要、为孩子的学习教育提供支持和指导、帮助孩子建立自尊和发展友谊关系。不过，家庭为小学阶段的儿童提供的最根本的功能是环境的和谐稳定。只有生活在一个熟悉的、可预测的环境中，人才能找到安定的感觉。能够给儿童带来安定感的，正是他们生活的家庭。由于儿童的认知及其他能力有限，对于他们来说，周遭的世界是陌生的和不可预测的，只有家是熟悉的。纵使外面风云变幻，只要家里照旧，一切就还是老样子。如果家里动荡了，世界也就倾覆了。

对于儿童来说，一个和谐稳定的家是至关重要的，安全感是满足生理需要、学习教育支持和指导、建立自尊、社交支持等其他家庭功能的基础。哪些因素可能破坏家庭和谐稳定感呢？很多人可能首先会想到物质条件。在物质贫乏、尚不足以满足基本的吃、住和健康需要时，贫穷的确会让人感到不安全。但是，一旦基本生活需要得到满足，物质条件就不再是威胁安全感的直接原因了。不少研究发现，低收入家庭的孩子可能感受更多的压力，但这些压力并非来自孩子对家庭经济活动的直接体验，而是来自父母因收入低而感到的烦恼和表现出的不安。如果父母因为经济状况不好而感到焦虑、对未来悲观、常常抱怨，在阴郁不安的家庭氛围中，孩子自然缺乏安全感。如果家庭经济问题引发夫妻关系紧张、冲突不断，孩子就更不可能有安全感了。事实上，在经济条件优越的家庭里，如果父母之间因为经济利益或其他原因而缺乏信任、关系紧张，孩子同样会缺乏安全感。因此，给孩子提供安全感的，不是绝对的物质条件，而是父母对当前及未来生活的态度。即便是眼下的经济状况不如意，如果父母能够积极面对问题、对未来充满信心，孩子就会感到家的和谐稳定。

最可能导致孩子缺乏安全感的，是父母之间的紧张和冲突。如果父母之间争吵不断或长期冷战，孩子就会因为这种充满紧张甚至敌意的环境而深感不安。这就是为什么几乎所有讨论儿童心理成长之影响因素的研究，都发现父母的婚姻质量与儿童心理问题之间存在联系。在一个家庭中，夫妻关系是主轴，没有比父母间的相亲相爱更能给孩子带来安全感的了。有人认为，孩子出生了，夫妻自然就疏离了；有人认为，为了孩子的成长，在一定程度上牺牲夫妻关系是值得的。这些想法都不利于为孩子创造一个良好的成长环境，都是不明智的。

尽管一些研究发现，离婚或单亲家庭的孩子表现出更多的成长问题，但是离婚或单亲抚养并不一定会让孩子缺乏安全感。如果离婚前父母长期冷淡和争执、离婚期间家庭冲突不断、离婚后父母彼此冷漠甚至仇恨、孩子养育安排不合理导致生活动荡、不能及时建立新的充分的亲子沟通模式，孩子就一定会缺乏安全感。相反，如果离婚的父母能够面对自己的婚姻问题、理智地做出选择、勇敢地承担责任、分手后友好相处并给孩子充分的陪伴，就可以避免给孩子造成伤害，保持为孩子提供一个和谐稳定的生活环境。

一些婚姻遭遇危机的父母选择向孩子隐瞒真相，貌合神离地维持家庭的稳定，目的是不让孩子受影响、失去安全感。但是，问题是，他们做出的牺牲是否真的能让孩子体验到家的稳定呢？一般来说，这些父母虽然维持了家庭的结构，却很难保证其实现有效的功能。同在一个屋檐下朝夕相处，孩子能捕捉到的关系信号是无处不在的。一个不耐烦的皱眉、一句冷冷的搭话，都可能让孩子发现真相。貌合神离的父母不管多么努力，也不可能做到滴水不漏、处处表现得像一对恩爱的夫妻。一旦孩子发现了真相，父母反而藏着掖着，孩子会如何解释眼下的处境呢？孩子肯定会感到家庭的变化，并因此担心接下来会发生重大的生活变故。有孩子的夫妻如果不得不离婚，最好的做法是理智地做出选择，妥善安排离婚后孩子的养育事宜，尽快在新的状态下为孩子提供充分的生活、学习、社交方面的支持，让孩子重新感到稳定和安全。离婚的父母如果努力缩短旧生活状态和新生活状态的过渡时间、充分地陪伴孩子，就可以大大地降低甚至避免孩子因此产生的不安全感。让孩子和生活照料方仍住在原来的房子里，另一方搬走但定期探望陪伴孩子，都是明智的处理方式。最糟糕的情况是原有的家庭已经丧失了功能，比如夫妻对立甚至争吵不休，而新的家庭功能又迟迟没有建立起来，孩子不得不长时间处于家庭功能缺失或动荡的状态，感到严重的不安和忧虑。

逆境和顺境，关键在于"解释"

针对小学阶段的儿童的身心发展，过去的研究总结出一系列有利因素和不利因素，其中相当部分与家庭生活有关。例如，来自由生身父母组成的和谐家庭的孩子更可能在身心和学业方面发展得更好，来自离婚家庭的孩子则更可能表现出各种问题；经济条件好的家庭的孩子更可能获得充分的照顾和发展机会，而贫穷家庭的孩子更可能出现发展的迟滞。尽管这些统计数字能帮助我们了解大体的社会态势，却不能回答影响儿童心身发展的因果关系。总有孩子在专家们提出的优势因素中沦丧，也总有孩子在危险因素中突破重围、茁壮成长；来自双亲富裕家庭的孩子有走上犯罪道路的，来自单亲贫困家庭的孩子有成功成才的。

任何环境条件下都有成功者和失败者，究竟是什么原因造成了这种差异呢？那些探讨同样处境下的儿童为什么走向不同发展结果的研究，为解决这一问题提供了依据。亲历父母间的家暴，对于儿童来说算是最糟糕的发展环境了。一项研究对家暴家庭的儿童进行了观察，结果发现：如果受虐的一方最终面对问题、选择离开，孩子在经历一段时间的痛苦后，仍可能在正常轨道上发展；但如果受虐的一方彻底无助、难以自拔，儿童就很可能出现抑郁、退缩或暴力等心理行为问题。可见，家暴对孩子的影响，不仅是家暴过程中的伤害，更重要的是受暴方对此做出的反应。家暴本身是消极的，但受暴方仍可以采取更为积极的行动。在困境中，孩子仍可以通过观察家长的行动获得积极的解释，比如"家暴不是不可战

胜的事情，你仍可以做出选择"；反之，如果孩子感受到的只有害怕和恐惧，看不到出路，他们对此做出的解释自然是"遇到家暴你就完了"。

因此，问题的关键不在于遭遇了什么问题，而是这些问题向孩子传递了什么样的信息，让孩子形成了什么样的看法。对面临的问题做何解释才是决定儿童发展的决定因素。不管是顺境还是逆境，积极的解释都会促成积极的发展，消极的解释都会促成消极的发展。在经济条件好的家庭，如果孩子总是感到自己达不到父母的要求，同样会成为埃里克森所谓的"自卑的人"。在经济条件差的家庭，如果父母并没有因经济条件不佳而消沉，而是对未来充满信心，还对孩子的努力表现出满意，孩子就不会因家庭的经济条件而沮丧，不会担心别人看不起自己；相反，如果父母总是因为经济条件不佳而垂头丧气，抱怨因为没钱而低人一等，夫妻间又总是为钱而起争执，孩子很可能也会因此感到自卑。

庆幸的是，不管是什么样的逆境，人都能做积极的或消极的选择，即便是战争这样的苦难，同样能找到积极发展的例子。让人们战胜困境的，是对境况合理的解释和对未来积极的期待。就拿父母离婚来说，如果父母对自己的婚姻状况不知所措，一味地发泄糟糕的情绪，孩子看到父母表现出的恐惧、无助和怨天尤人，自然会对接下来可能发生的变故感到绝望，对生活失去安全感。如果父母能够冷静地面对问题、做出决策，并对建设未来表现出信心，孩子即便对将会发生的变化感到短暂的担心，也不会丢失安全感。因为孩子从父母身上看到一切仍然是可控的和可预见的。在父母妥善的规划中，孩子可以清楚地看到自己将来的生活。因此，不是离婚事件本身决定了对孩子的影响，而是孩子如何看待父母离婚、最终怎样去解释这一事实，决定了对孩子的影响。

立足于对事物形成的"解释"，大数据体现出的大趋势和反趋势的个案就很好理解了。例如，数据显示，来自和谐家庭的孩子更可能在身心和学业方面发展得更好。这是因为更多来自这样家庭的父母倾向于对事情持积极解释。积极解释使他们能更好地处理婚姻生活中的各种问题，离婚的概率自然更低。当这些父母在孩子面前展示自己的积极态度和行动时，又会促进孩子对事情形成积极解释，使他们在学习和社交方面都更为积极。调查结果显示，来自和谐家庭的孩子发展更好的比例更高。又如，数据显示，来自离婚家庭的孩子更可能出现心身发展方面的问题。这是因为在离婚的夫妻中，持积极解释的人的比例更低。由于更多人倾向于消极解释，一方面使他们难以妥善处理婚姻生活中的问题，另一方面也容易把消极态度传递给孩子。父母婚姻出现危机的时候，孩子也可能对此感到无助和绝望，结果就出现了这样的调查结果：来自离婚家庭的孩子更可能焦虑、自卑和注意力不集中等。不过，仍有很多孩子虽然父母离了婚，但也表现出积极健康的发展状态。这些反趋势的个案正是来自婚姻出现危机但仍能积极处理的家庭。面对婚姻困境，父母仍能对境况做出理智的分析，在众多可能性中选择最积极、最妥善的处理方式，从而把婚姻困境的破坏限定在夫妻关系，并努力保持亲子关系的完整，尽快调整和重建家庭功能，以保证孩子拥有和谐安定感。当然，面对父母的离婚，也有孩子从其他途径获得和谐和安定感，比如来自祖父母的照顾和爱。但这类情况并不常见，因为通过其他途径来重构家庭功能是一件更加困难的事情。

几乎所有的家长都会努力给孩子提供一个良好的成长环境，但大多着眼于创造更好的物质条件。事实上，就当今的社会经济发展水平，家长给孩子提供的成长环境并不光是以物质条件来营造，而更多是以对种种事件的积极态度来营造。

父母影响，身教大于言传

儿童从父母身上学到的，绝不仅仅是父母有意想教给他们的那些内容。儿童对父母的观察和学习，比我们想象的要广泛和深入得多。从父母在言语上的说法到行为上的做法，再到情绪表达，儿童都会尽收眼底，而且随着年龄的增长，他们还会推测父母内心的想法。

父母常常会在不经意间向孩子传递本不想传递的信息。例如，妈妈见孩子在学校里没有朋友，就对孩子说："你要多和同学交流，要善解人意，要多问人家是怎么想的，不能只顾自己的想法。"说完之后，母女俩一起去超市，女儿要求妈妈买一个红色的书包，妈妈答应了，把书包放进了购物车。过了一会儿，女儿又要妈妈买一盒糖，妈妈板起脸说："刚买了书包，又要买糖，你怎么什么都想要，只准买一件东西。"也许，这位妈妈有充分的理由认为不应该给孩子买那盒糖，但她的回绝方式却违背了自己刚刚教育孩子的"要多问人家是怎么想的"。这时，妈妈树立的行为榜样是"如果对方的要求不合理，一口回绝就好了"。以后，孩子在学校里发现同学的要求不合理，会不会也这样一口回绝呢？如果妈妈先问问："你为什么想买那盒糖呢？"孩子或许会说："我觉得它会很好吃""我觉得盒子很好看""我想把它带到学校去，分给同学们"。不管孩子的回答是什么，家长都可以去了解孩子是如何看待或思考这个问题的。不管最终是答应还是拒绝孩子的要求，家长都可以以身作则地给孩子树立一次"善解人意"的榜样。

父母的习惯对孩子日常生活行为的影响尤为明显。家长普遍都最重视孩子的身体发育，但常常会忽视一个事实：家庭生活习惯和父母的日常言行对孩子的健康成长有着决定性的影响。

关于小学生的身体发育，目前的主要问题在于营养均衡和运动充分。随着生活水平的提高，导致营养问题的原因很少是经济上的短缺，更多是不良的行为习惯。其中，既有不良的家庭生活习惯，比如太频繁地外出就餐或赴宴、没有节制的零食供应、就餐时间不规律等，又有儿童个人在进食方面的不良习惯，比如挑食、吃饭时不够专注、吃太多甜食等。后者尽管属于儿童的个人行为，但如果究其原因，仍可能看到不良家庭习惯的影子。例如，在儿童吃饭不够专注、拖拖拉拉的家庭，家长很可能吃饭时也心不在焉，看手机、打电话、兴奋地东拉西扯……

小学儿童运动方面的问题主要是活动量不够，活动量满足不了身体发育的要求。其主要原因既有花在学校学习和课外学习上的时间太多，也有休息时间醉心于上网或看电视，导致儿童处于静坐姿势的时间太长。一些家长希望通过体育锻炼来给儿童的健康保驾护航。专门的体育活动对儿童身体成长的确有好的效果，但良好的家庭生活习惯对此更为关键。茶余饭后习惯到室外去活动，肯定比一家人各自窝在沙发里看手机要好得多。

为什么有些儿童喜欢缠着父母买零食，有些儿童则喜欢缠着父母出去活动呢？其原因是，前者已经在零食中一次次地体验到了满足感，后者则在运动中感受到了乐趣。儿童通过吃零食来感到满意，这很好理解，因为对于绝大多数人来说，吃本身就是一种享受。儿童在运动中体验乐趣是怎样形成的呢？按理说，活动是儿童的天性。在正常情况下，儿童都喜欢活动而不是静静地坐在那里。对于儿童来说，"爱活动"几乎是不需要刻意地去培养的。

儿童之所以不爱活动，原因多半是学习了环境中的"坏"榜样。如果大人成天盯着手机或看电视，儿童自然会觉得这才是值得做的事情。"低头"风在成年人中盛行，很难避免传染给孩子。儿童不爱运动的原因也可能是在运动中感受到的负面体验，比如劳累或受伤带来的身体上的痛苦。不过，由于儿童身体的复原能力很强，劳累和小磕小碰带来的伤痛本身没有太大的威胁，这些不适会很快过去，儿童一般不会放在心上。很多家长都有这样的经历：孩子头一天玩得过了头还磕破了胳膊，第二天却津津乐道前一天的经历，还兴致勃勃地问"什么时候可以再这样玩一次"。其实，儿童讨厌运动或害怕运动常常是因为成年人传递给儿童的负面态度，比如"你怎么就这么不小心呢，这还只是磕破了皮，要是摔断了腿怎么办"，或者每隔两三分钟就问一遍"你累不累""腿是不是很疼"，再或者时不时地夸奖安静的孩子，"你看人家鹏鹏，总是安安静静地，多听话呀"。沉浸在大人的这些言语里，儿童很可能认为运动不是件好事情。

二、离婚了，孩子怎么办

小雨和小娜的爸妈都离婚了

小娜和小雨的家离得很近，两人的爸爸还是同事，因此两人从小就成了好朋友。

上小学的时候，小雨的父母离了婚。小雨同妈妈一起生活，爸爸则每周去看她，带她去吃饭、逛街，跟她聊天。上初中的时候，小雨的爸爸组建了新家庭，但仍然安排时间每周看望小雨。爸爸的新配偶对小雨也很友善，见面时小雨称呼她"阿姨"。

一起玩耍的时候，小娜问小雨，会不会因为爸妈离婚而伤心，小雨沉默了一下说："刚开始的时候有些难过，担心爸妈离婚后家就散了，都不爱我了，我被抛弃了。但后来发现，离婚后他们对我都很好。他们俩也不是老死不相往来的那种，凡是我的事情，我妈都会打电话跟我爸商量。每次我爸来接我，带我出去玩，都会礼貌地问我妈要不要一起去。当然，我妈总是客气地说'不用了，你们去吧'。不过，每当我过生日的时候，我们三个人会在一起，多半是一起出去吃饭。有一次我请同学来家里小聚，我爸也过来了，帮我妈给我们准备吃的。说实话，我觉得他俩的关系比离婚前要好些。那个时候，他们虽然不当着我的面吵架，但我爸总是双唇紧闭，我妈也很少笑。事实上，我记不得那段时间我妈在家里笑过。我知道他们俩很痛苦，只是不想让我看见罢了。虽然我仍然怀念小时候我们三个人一起生活的日子，但想起离婚前一阵子家里的情况，就觉得现在这样也不错，应该算是很好的结果了。尽管我爸没跟我们一起住，但只要我有什么需要，随时都可以跟他联系，去找他。"

听了小雨的回答，小娜轻叹了口气说："你真幸运，真希望我爸妈能像你的爸妈一样。"

"你爸妈又没有离婚。上次我去你家，他们有说有笑的，我好羡慕。"小雨说。

"唉，他们只不过表面上这样，有客人在家的时候，他们从来不吵架。真实情况可没那么好。有一次我回家，发现他俩脸色很难看，地上有玻璃碎片，很明显是吵架的时候摔了东西，但是他俩非说是猫碰倒的。"小娜又叹了口气说。

"他们是不想影响你学习吧？很多父母都这样。"小雨说。

"我宁愿他们当着我的面吵架，把问题都说出来。每次遇到问题，他们都说'孩子的学习重要，不要耽误了孩子的成绩、影响孩子学习的心态'什么的，感觉他们为我牺牲了太多，而我只觉得压力特别大。他们从来不问这是不是我想要的。"小娜说。

时间一晃已经是高考结束的那天。

考试结束后，小雨和小娜准备一起去吃好吃的放松一下。等餐的时候小娜收到了妈妈发来的微信，说跟她爸已经离婚一年多了。小雨非常震惊，觉得小娜的父母已经离婚一年多很不可思议，而且小娜的妈妈竟然通过微信告诉小娜这个消息。小娜却一脸淡定，甚至有点释然的样子。她对小雨讲了家里的情况。

小娜上小学的时候，爸妈的关系就开始紧张。初二的时候，爸妈之间变得更加冷淡，但还是尽力装出没事的样子，维持完美家庭的假象。小娜的父母觉得女儿的学习最重要，不能让离婚影响了孩子的学习状态。但是，每次父母争吵的时候，小娜都要默默地戴上耳机才能继续写作业。饭桌上的沉默、父母尴尬的互动都让小娜觉得很压抑。上高中后，小娜选择了住校。

如今看到父母离了婚，小娜反而觉得松了一口气。小雨安慰小娜家家有本难念的经，上大学之后可以独立生活了。小娜也深以为然。

此后，小娜的妈妈经常跟小娜说："我跟你爸这辈子也就这个样子了，婚姻就是碰运气，碰到你爸这样的算我倒霉。"

再后来，小娜上完本科后考上了研究生。妈妈每次打电话都会催她找男朋友，总说："小娜呀，你是不是也该谈个男朋友呀。在大学里赶快找个男朋友，工作了就不好找了，妈妈给你安排个相亲怎么样？"小娜被问烦了就回怼妈妈说："这么着急干什么？着急结了婚再像你和我爸一样离婚吗？就我这种情况，恐婚恐育很正常。"小娜的妈妈一时间被噎得说不出话来，母女俩的对话常常这样不欢而散。

同境不同解

小雨的父母和小娜的父母的婚姻都出现了危机，而且最终都离了婚。关于是否跟孩子表明这件事，小雨的父母和小娜的父母采取了截然不同的方式。小娜的父母为了不影响小娜的学习，直到高考之后才跟她说父母已经离婚这一事实。小娜的父母可谓用心良苦，多年时间一直扮演正常夫妻和模范父母，其中的艰难可想而知。但小娜的父母的努力却没有收到好效果，对他们的做法，小娜不但不感激，反而有些耿耿于怀。

小娜为什么对父母的付出并不领情呢？首先，高中时的少年非常强调"自我"，希望自己被别人重视。如果父母在离婚这样的大事上都不跟自己商量，他们很可能觉得自己没有得到应有的重视，因为父母并没有把孩子当成独立的个体。另外，我们前文提到父母之间的紧张和冲突很容易导致孩子没有安全感。一家人天天生活在一起，很难做到对子女完全屏蔽父母关系中的紧张和冷淡，孩子总是能从一些蛛丝马迹中猜到真相。例如，小娜很早就看出父母之间关系紧张。小娜的父母选择隐瞒，还假装一切正常，小娜也只好也装作不知道。小娜的父母本想自己承受压力，以免让孩子受累，结果却不仅让小娜感受到更大的压力，还让她觉得父母根本不在乎自己的感受。家庭应该为孩子提供一个和谐稳定的环境，不仅要满足孩子的生理需求，更要注意其情感需求的满足。小娜的父母不仅没有意识到家庭氛围对小娜心理和情绪的影响，反而一再把注意力和目光放在其学习成绩上，这只会让小娜更加厌烦与父母相处。

一些父母对子女隐瞒婚姻危机的事实，其实是出于逃避的目的，因为他们自己做不到勇敢面对和理智处理自己的感情问题。他们的消极态度很可能对孩子的感情观产生影响，使孩子对婚姻关系中可能出现的问题感到困惑和害怕。小娜的父母的做法并没有给孩子树立好的榜样。对婚姻中的麻烦，小娜未能在父母身上学到积极的应对办法。因此，在小娜成年后要面对亲密关系时，她选择了逃避，下意识地重复了父母在感情中的行为模式。

对父母隐瞒离婚这件事情，成年后的小娜在访谈中这样说："父母的感情问题我早已心知肚明，他们却始终藏着掖着装模范父母，理由是为我的学习着想。他们根本不尊重我对家里事情的知情权，更不用说尊重我的想法和建议。他们总说都是为了我的学习，似乎我学习不好就对不起他们似的。我在家里只是个'被安排者'，什么都是他们说了算。在这样的家庭里我没有感受过正常的爱情是什么样的，我只看到了不相爱的两个人为了孩子绑在一起，看到了他们的痛苦，所以我很抗拒谈恋爱，我妈一催我，我会更烦。"

小雨的父母在小雨上小学四年级的时候就选择了离婚，爸爸妈妈一起告诉了小雨这个消息，小雨至今还清楚地记得妈妈那天说的话："我和你爸爸决定离婚，这是一件很遗憾的事情，有些事情我们没有做好，爸爸妈妈先在这里跟你道个歉。爸爸妈妈虽然分开了，但还是朋友，还是你的爸爸和妈妈，爸爸会搬出去住，但会常来看你。你想爸爸了，就可以给爸爸打电话。你需要爸爸时，爸爸还会像现在这样保护你。我们的生活会出现变化，会跟过去不一样，但爸爸妈妈相信我们会比以前过得更开心。爸爸妈妈相信你，一起把这个消息告诉你，你有任何想法都可以告诉爸爸妈妈。"

小雨的爸爸妈妈坦诚地向她说出了父母的问题以及解决办法，更重要的是，他们对未来的生活表现出积极的态度。离婚后，小雨的爸爸与小雨保持密切的联系，及时回应小雨成长道路上的各种需求。这种做法在最大程度上给了小雨来自父母的接纳和安全感，并且向小雨示范了面对感情困境时如何保持积极的态度，采取合理的解决方法。因此，对父母的离婚，小雨虽然感到遗憾，但没有什么消极的想法。

在孩子眼里，父亲和母亲都是非常重要的人，父母之间的关系紧张很容易让孩子感到害怕、伤心和愤怒。这时，父母向孩子传递出的态度信号就显得至关重要了。如果父母对自己的婚姻问题不知所措、一味逃避，就是在向孩子传递"父母之间的矛盾没法解决"的信号。如果父母总向孩子诉苦甚至要求孩子站队，孩子就会感受到巨大的压力。小娜的父母一直隐藏自己的婚姻危机，离婚后小娜的妈妈又经常抱怨说自己的婚姻失败很倒霉，不断向小娜责备爸爸的缺点和不足，要求小娜站在自己一边，与自己的父亲对立。这些都给小娜传递了对婚姻的消极态度。小娜说自己不想谈恋爱、恐婚恐育，很可能跟父母当初的消极处理方式和消极态度有关。小雨的父母也选择了离婚，他们的处理方式就要积极得多。两人坦诚地向小雨解释了离婚实情，承认自己在婚姻上的失败，但对未来充满信心。他们妥善地处理好离婚后孩子的教养事宜，保持良好的亲子关系，成功地为孩子的成长保驾护航。

给离婚父母的建议

1. 在告诉孩子前，父母必须做好的准备

坦诚地面对婚姻失败，并对未来充满信心，这是告诉孩子"爸妈离婚"这一事实前，父母必须完成的心理准备。如果夫妻之间仍然互相怨恨、对未来感到迷茫、对生活灰心丧气，不管在语言上如何向孩子保证"我们会好好处理彼此之间的关系""我们一定会好好地照顾你"，孩子的内心都会缺乏安全感。只有父母已经接受了离婚的结果，并且对开启新的生活充满自信与笃定，孩子才可能充满信心地接受父母离婚的现实。

首先，离婚的父母要客观认识自己的婚姻失败，分析各种可能的解决途径，斟酌各种办法可能导致的后果，明确离婚是当下最为妥当的选择，是两个人共同承认的处理方式。

其次，离婚的父母要对未来的生活有清晰的规划，不论是孩子和谁一起生活，还是财产分配和职业变动，都要达成共识。

最后，婚姻冲突中的父母应避免在纠结、争执和充满怨恨时让孩子卷入，最好在离婚协商达成后再告诉孩子。父母的婚姻冲突暗示着家庭结构的不稳定，从而导致孩子的不安全感。如果父母将两人的争执、怨恨和争吵暴露在孩子面前，孩子就更可能感到担心和害怕。父母最好在协商妥当以后，温和且冷静地告诉孩子。一般来说，父母并不需要孩子参与决定是否离婚，但应该向孩子做出充分的解释。当然，在离婚后的生活安排上，父母可以听取孩子的想法。

2. 说实话比藏着掖着好

心理学预测理论认为，信任是通过预测建立的，一个人过去的行为为预测其未来的行为提供了基础。同样，孩子对父母的信

任，也是建立在他们所感到的父母行为的可预测程度上。如果父母在行为上表现出不一致，孩子对父母的信任就会大打折扣。因此，父母最好对孩子持坦诚的态度。如果父母长时间向孩子隐瞒自己的婚姻事实，表现出的前后矛盾就会耗损子女对父母的信任。

知情权对于孩子来说，意味着家长对孩子的尊重以及孩子能否无条件地信任父母。离婚是家里的大事，坦诚地告诉孩子，意味着对孩子知情权的尊重。当然，具体的做法应根据孩子的年龄和性格来调整。小学儿童还没有形成抽象思维和演绎推理能力，社会认知能力也有待发展，离婚的父母可以参考小雨的父母的做法，简单地告诉孩子离婚事实，尽量做好离婚后的生活安排。初中生和高中生已具备一定的独立思考与社会认知能力，父母可以对他们更为详细地解释为什么父母做出了离婚的选择，告诉他们父母双方都会对后续的抚养负责任。如果孩子主动问起"为什么要离婚"，或者表现出对该问题的疑惑，父母应该及时回应孩子，以孩子能够理解的方式做出解释。

3. 选择合适的告知方式

心理学上有个概念叫情景记忆，是指对亲身经历的、发生在一定时间和地点的事件情景的记忆。情景记忆与情绪有关，当个体处于相同的场景时，更容易唤起过往的记忆并体验当时的情绪。俗话说"一朝被蛇咬，十年怕井绳"，讲的就是这个道理。

父母在告知孩子离婚的消息时，应尽量避免让孩子体验负面情绪。例如，在安静舒适的环境，父母通过面对面的方式真诚地告诉孩子，因为面对面的交流往往使人觉得更加真诚。如果孩子通过信息、电话甚至从他人口中得知父母离婚的消息，很可能会觉得父母对自己不重视，或者父母在逃避问题。案例中的小娜的妈妈通过发微信的方式告诉小娜父母离婚的消息，虽然小娜觉得松了一口气，但这是因为放下了父母关系不好还要为了自己的学业假装关系好的压力，小娜仍体会到了父母对自己的不重视及其逃避情绪。此外，父母在告诉孩子离婚消息时，还应考虑孩子的心情状态。如果孩子正遭受其他打击、心情不好、有较为严重的心理问题，父母就应该等待更合适的时机告诉孩子。

4. 在父母合作的氛围下建立新的亲子互动模式

父母离婚很可能让孩子担心父母会抛弃自己、不再爱自己了，因此离婚后不管孩子同哪一方住，父母双方都应该及时回应孩子的需求。在小雨对小娜说的话里，她明确地表示了怕父母离婚后会抛弃她的担心。但正如小雨的父母做的那样，与孩子保持良好的沟通，给孩子充分的安全感，才可以保持亲子关系处于积极健康的状态。离婚后，家庭结构出现变化，亲子相处和沟通方式也会变化，离婚的父母应该尽快建立起新的稳定的亲子交流模式。父母应让孩子感到：虽然父母离婚了，但爸爸妈妈对自己的关爱却没有减少，爸爸妈妈仍是自己坚强的后盾。

三、来自父母望子成龙的压力

一考试就呕吐的三好学生

从开始上学到小学五年级，小金都是老师和家长眼里的"三好学生"。听话、懂事、乖巧是周围人对小金最多的评价。每次考试完，小金都是各科老师夸奖的对象，上课遵守纪律，积极完成任务。这个最让老师省心的乖孩子，在各个科目上都成绩优异，集聪明、努力、大方和可爱等优点于一身。

开家长会时，老师和家长们聊起了电子产品的问题。很多家长叫苦不迭，抱怨自己家的孩子根本管不住，天天要玩手机、看平板电脑。家长们都很担心电子产品对孩子学习的影响。尤其是到了小学五年级，孩子们开始有独立性和隐私性的需求，青春期也初露端倪，管教起来更是棘手。小金的妈妈分享道："我家小金在家也特别听话，规定让他玩多久，他就玩多久。我会给他做好时间表，几点到几点学习、学什么科目、完成哪些任务。游戏能玩多久、动画片能看多久，他都很好地执行了。"各位家长听了美慕不已，纷纷说："还是人家小金懂事，学习又自觉。上辈子修多少福分，这辈子才能有这么乖的孩子。小金妈妈，给我们分享下你的育儿经验呀，小金这么优秀肯定也离不开爸爸妈妈的教育和培养。"小金的妈妈则回答道："哎呀，其实我也没用很系统的方法，主要是让孩子从小养成好习惯。我很尊重孩子的意见的，他的想法我都会认真倾听，然后再给他讲道理，让他明白妈妈让他做的才是最优解。"到了小学五年级，叛逆期在小金身上好像也不存在，甚至新冠疫情在家上网课的时候，小金依然积极听课完成作业。

但是最近小金的妈妈有了烦心事。新冠疫情结束回学校后，小金的第一次线下考试名次退后了几名。从那以后，小金每次考试和出成绩的时候，都会从教室跑出去呕吐。妈妈带小金去医院检查，怀疑是肠胃炎，打完针之后就好了。但是一到考试又这样，妈妈带小金去不同的医院检查，但是情况依旧没有好转。到了小学六年级开学的时候，小金开始失眠，经常情绪低沉。在医生的建议下，小金开始接受心理咨询治疗。在被告知小金的心理可能出现了一些问题后，小金的妈妈从不敢相信到自责再到焦虑。自责是因为自己一直忽视了孩子的情绪问题，让病情被耽误了这么久。焦虑是因为妈妈觉得心理问题解决起来既复杂又棘手，担心对小金的成绩产生影响。尤其是在小升初这么关键的阶段，妈妈希望小金保持最好的状态。

后来小金的咨询师跟妈妈交流了小金的情况，妈妈则把自己的情况向咨询师娓娓道来。小金的妈妈是当年村里的第一个高材生，优秀的成绩、家人的期待和村里人的夸奖都成为她不断努力的动力。在大学里，小金的妈妈认识了小金的爸爸，两人在大学毕业后就迈入了婚姻的殿堂。小金的爸爸是一名律师，小金的妈妈在国企工作。在工作稳定之后，爸爸妈妈发现了小金的到来，夫妻两人都很高兴，想为了孩子更加努力，给孩子一个良好的成长环境。但在照顾婴儿的时候，夫妻俩才发现养好一个宝宝是多么难。哄睡、换尿布、喂奶……每一项都是很耗费时间和精力的工作，而小金的爸爸的事业正处于上升期，工资涨了，加班的时间也长了。于是协商后小金的妈妈选择辞职，专心照顾小金，等小金上了初中再重返职场。但是全职太太的日子并不轻松，小金的妈妈的社交变少了，曾经的工作和学习能力也无处体现了。小金的爸爸每天下班都很累，小金的妈妈的情绪又不能跟年幼的小金诉说。做全职妈妈的失落、对自己能力的怀疑、对自身价值的迷茫……错综复杂的情绪下小金的妈妈经常在深夜偷偷哭泣。纵观自己的人生，小金的妈妈发现自己为了孩子牺牲了很多。因此，她总是不自主地期待孩子出类拔萃，并常常在言语和行动中都传递这一强烈的期待。小金的妈妈选择把精力放在培养小金上，而小金也是个非常聪明的孩子，成绩的回馈、家长会上的分享都让小金的妈妈很有成就感。但是小金的妈妈没想到，这种密不透风的压力和期待会给小金带来这么大的心理影响。小金总是担心让妈妈失望，因此害怕失败，甚至产生了考试焦虑。小金总是害怕自己达不到妈妈的期待和要求，这样就没人爱他了。他觉得妈妈为自己付出了太多，自己必须对得起妈妈的付出。

在咨询室里，面对失声痛哭的小金的妈妈，咨询师安慰她："至少您已经意识到了问题所在。"与咨询师沟通后，小金的妈妈认识到，随着孩子长大，她那种期待完美、时时监督、事事插手的教养方式会让害处会越来越大，他们不仅需要改变对小金的教养办法，还需要调整家庭结构和生活节奏。小金的妈妈与爸爸决定先调整两人的教养模式。后来，小金的妈妈重返了职场，除了照顾小金也在不断地积极探索自己的兴趣。小金的爸爸也不再一心沉浸在职场，而是给予小金足够的关注和照顾，担负起了更多的家庭责任。

一年后，咨询师见到了初中生小金，他的失眠和呕吐反应已经完全消失了。相比于小学的乖孩子小金，初中生小金更会表达自己的想法，有着更清晰的生活目标。小金对考试也不会过于焦虑和担心了，能够以更加平稳的心态面对每一次挑战。

望子成龙，望女成凤

本我、自我和超我是心理学中关于人的心理结构的概念，由奥地利心理学家弗洛伊德提出。这三个概念分别代表了人的不同心理层面，它们相互影响，共同塑造了人的个性、行为和心理活动。本我是指人的原始冲动、欲望和需求，它遵循"快乐原则"，即追求满足和避免痛苦。本我没有道德观念，只关注满足生理需求和欲望。自我是从本我中发展出来的，它是一个人心理结构中遵循现实原则的部分。自我试图在本我的需求和社会现实之间达到平衡，以适应外部环境。自我具有理智、现实感和判断力，负责调节本我和超我之间的冲突。超我是人的道德和理想自我，它遵循"道德原则"，即遵循道德规范和价值观。超我是人在成长过程中通过社会化经验和教育影响逐渐形成的心理结构，它具有良知、道德判断和内疚感。超我会对自我施加压力，使其遵循道德规范行事。在人的心理活动中，本我、自我和超我相互影响、相互斗争。一个人的心理健康取决于这三个部分之间的和谐与平衡。如果三者之间失衡，可能导致心理问题和疾病，如焦虑、抑郁和精神分裂等。

在孩子的成长过程中，调节本我和超我平衡的能力十分重要。小金的妈妈无形的压力让小金发展出了较为强烈的超我，懂事、听话、乖巧、自觉、优秀等标签都成为小金理想自我的一部分。本我的发展被过分压制，自我没有在本我和超我之间得到平衡，小金便出现焦虑抑郁和躯体化的症状。小金的超我为什么会这么强烈呢？这源于小金的妈妈的自我投射。中国有句俗语叫"望子成龙，望女成凤"，用来形容父母期望子女能有出息、成为社会上的佼佼者。龙和凤在中国传统文化中分别代表吉祥、尊贵和权力，因此这句话寄托了父母对子女的厚望和期待。在教育子女的过程中，父母们通常会付出很多心血，力求子女能在学业、事业等方面取得成功。

这种父母将自己内心的期望、情感、价值观等，不自觉地施加在孩子身上的现象在家庭教育中很常见，有时候会对孩子的成长产生积极的影响，但过度的自我投射可能会对孩子的心理发展产生不良后果。自我投射有多层含义，其中的一种是将自己的内在心理外在化，即以己度人，把自己的情感、意志强加于人，认为别人也应该如此。父母对孩子的自我投射的表现形式有很多，可以分为以下几种。一是期望投射，即父母将自己未能实现的期望寄托在孩子身上，希望孩子能完成父母未竟的事业。这可能导致孩子承受过大的压力，无法自由地追求自己的兴趣和梦想。二是情感投射，即父母可能在孩子身上投射自己的情感需求，过分依赖孩子，使孩子不堪重负。这可能导致孩子难以独立，形成过度依赖的性格。三是价值观投射，即父母将自己认同的价值观强加给孩子，试图塑造他们成为父母心目中的理想形象。这可能导致孩子丧失自我，盲从父母的意见，无法形成独立的价值观。四是行为投射，即父母可能会在孩子身上看到自己的影子，将自己的行为习惯、性格特点等投射到孩子身上。这可能导致孩子在成长的过程中受到父母行为的影响，形成与父母相似的性格和行为模式。

小金的妈妈对小金的自我投射主要为期望投射和价值观投射，希望小金能像妈妈一样在学业上表现优异。虽然小金的妈妈在家长会上表示会倾听小金的想法，但在听完之后还会以讲道理和说教的方式强迫小金接受妈妈的价值观，这种隐性的强势让小金必须努力成为妈妈心目中的理想形象。小金的妈妈在自我觉察时发现，当年她的父母也表现出过度的自我投射，现在教育小金的时候，她不自觉地重复了高期待、高要求的教养模式，这与她在读书时她的父母的行为方式一模一样。

无条件积极关注

无条件积极关注是罗杰斯人本主义心理学的重要概念之一，也是其心理治疗技术的核心。无条件积极关注是指在心理咨询和治疗过程中，咨询师对患者的情感、行为和需求等给予无条件的支持和关注，而不是基于患者的表现或行为是否符合某种标准或期望。这种关注方式强调对患者的尊重、接纳和理解，旨在建立一种安全、信任和真诚的治疗关系，从而帮助患者更好地自我表达和探索，实现自我成长和改变。罗杰斯认为，每个人都有自我实现和成长的潜能，只要提供一个安全和真诚的支持环境，人们就可以自我引导和改变。因此，无条件积极关注不仅是一种治疗技术，也是一种生活态度和价值观，它强调对人的尊重、包容和理解以及人与人的平等和互助。

在婴幼儿阶段和儿童阶段，父母对孩子无条件的关注和爱是非常必要的。如果父母对孩子的爱是有条件的，即孩子必须完成某些任务，达到指定的条件才能获得。那么，孩子为了回应父母的期待，为了获得稳定安全的家庭环境，便会强迫自己成为他人期待的样子。这种环境会极大地破坏孩子的安全感的建立，同时也会损害其自信心的培养。小学的小金认为只有表现优异的自己才能获得妈妈的喜爱，因此当成绩下滑的时候，小金非常紧张焦虑。这种短暂的失控感和无力感早期表现为呕吐，长久得不到缓解便转化成了失眠等症状。如果孩子一直处在有严苛条件的爱中，便会将父母的标准和条件内化。即便是成人后，这样的孩子也经常会用这一套标准来审判自己。这种自我批判和头脑中的指责会让个体产生无助、恐惧甚至愤怒等情绪，导致个体无法放松地去探索兴趣爱好，难以形成正确的自我认知。

父母如何减少自我投射

1. 尊重孩子的个性

父母应尊重孩子的兴趣、特长和梦想，给予孩子自由发展的空间，避免过分干涉。虽然孩子在婴幼儿时期都需要家庭的悉心照料与支持，但他们始终是独立的个体。在孩子建立目标和理想的过程中，父母更应扮演引导者的角色——鼓励孩子主动探索、大胆尝试，让孩子通过亲身体验找到自己擅长且热爱的方向，而非仅凭父母判断认定"最优选择"，强迫孩子沿着父母设定的轨道

前行。当然，在尊重孩子个性的同时，明确边界也至关重要：对涉及道德底线、生命安全和法律法规的问题，父母必须严肃告知不良行为的后果，在给予孩子适度自由的同时，筑牢成长的"安全线"。

2. 培养孩子的独立性

父母应鼓励孩子独立思考，培养他们的自主能力和生活技能，帮助他们逐渐形成独立的个性和价值观。小金的妈妈本来想在小金上初中之前一直做家庭主妇来陪伴小金，但是其实孩子在小学五六年级之后就会有一定的独立性的需求。如果一直与父母黏在一起，父母很容易对孩子有不自觉的情感投射和行为投射。孩子在习惯了父母无微不至的照顾后，长大后更难独立。这一方面体现在生活技能的欠缺，另一方面体现在没有独立的思想。因此，父母要有意地培养孩子的独立性。对一些事情，父母在适当地进行教育输出的同时，更要鼓励孩子表达自己的想法和意见。

3. 与孩子保持良好的沟通

父母应倾听孩子的心声，理解孩子的需求和感受，与孩子共同成长。沟通是人际交往中最基本的行为，可以加深人们之间的理解和信任。当人们彼此了解对方的想法和观点时，更容易达成共识并合作完成任务。沟通可以提高人们的沟通能力和人际交往能力。通过不断的沟通，人们可以学会如何表达自己的想法和观点、如何听取和理解别人的意见以及如何与人建立良好的关系。沟通还可以帮助人们解决问题和冲突。当人们之间出现分歧或矛盾时，通过沟通可以找出问题的根源，并寻求解决方案，从而避免更大的冲突。沟通对人们在工作、学习、家庭等各个方面都非常重要。沟通可以帮助人们建立良好的人际关系，提高工作效率，解决问题和冲突，增强自信和自尊，提高生活质量。

良好的沟通关系要尽早建立，父母应让孩子养成善于沟通和表达想法的习惯。如果父母早期没有在意与孩子的沟通关系，那在孩子形成了较为沉默和抗拒的交流习惯后再强硬地去与孩子沟通是非常困难的。

4. 保持自我反思

父母应审视自己的期望、情感和价值观，避免将负面情绪和观念投射到孩子身上，影响孩子的身心健康。不仅是父母，自我觉察对所有人来说都是一个非常重要的能力。跳出父母的身份和角色，站在一个更加客观和理性的角度去审视自己的教养方式是十分必要的。增强自我觉察能力是一项长期的任务，需要不断的练习和培养。以下是一些可以帮助父母增强自我觉察能力的建议：

第一，注意自己的思维模式。了解自己的思维模式是非常重要的。父母可以通过观察自己的想法、情绪和行为来了解自己的思维模式。了解自己的思维模式可以帮助自己更好地理解自己的行为和情感。

第二，倾听自己的身体。身体是自我觉察的重要工具。父母可以通过注意身体的感觉、情绪和反应来了解自己的内在状态。例如，父母应注意自己的呼吸、心跳和肌肉紧张程度等。

第三，练习冥想和深度呼吸。冥想和深度呼吸是一种有效的自我觉察工具。父母可以通过练习冥想和深度呼吸来帮助自己放松身体和思维，并更好地了解自己的内在状态。

第四，寻求反馈。寻求反馈是了解自己的一种重要方式。父母可以向信任的人、同事或朋友寻求反馈，了解自己的行为和表现如何影响他人。

第五，记录自己的想法和感受。记录自己的想法和感受是一种有效的自我觉察方法。父母可以写下自己的想法、情绪和行为，并回顾这些记录以了解自己的内在状态。

第六，接受自己。自我觉察的一个重要方面是接受自己。父母需要接受自己的优点和缺点，并了解自己的限制和潜力。

第七，练习自我反省。自我反省是了解自己的一种重要方式。父母可以定期回顾自己的行为和表现，并思考如何改进自己。

四、正确评价孩子的行为

（一）表扬

苏苏开始讨厌妈妈的表扬

苏苏从小就以出色的才智和懂事成为人们常说的"别人家的孩子"。她的乖巧与聪明表现在很多方面，包括四岁时掌握了惊人数量的汉字以及对阅读的强烈兴趣。每周，苏苏都会拉着她的妈妈去书店，迫不及待地想探索更多书籍。苏苏在学校的表现也一直出色，尤其在作文方面，她的天赋显而易见。

苏苏的妈妈是一个温暖而懂得鼓励的家长。不管苏苏做什么，妈妈总是会鼓励她、表扬她，哪怕是按时写完作业，妈妈都会说："苏苏真棒，这么快就写完了作业。"妈妈还会给苏苏一块蛋糕或别的什么作为奖励。苏苏在童年时期因此感到非常幸福，因为她的父母不像其他孩子的父母那样经常批评或责备孩子，而是用爱和肯定来激励孩子。

然而，随着时间的推移，苏苏的感受发生了变化。她变得越来越厌烦妈妈无处不在的赞美和鼓励。"真的很讨厌妈妈说这些话，觉得好虚伪啊。写作文也越来越没有意思，真的烦死了！再也不想学习了！"

苏苏感到那些表扬很虚伪，妈妈的话语和关注让她感到不自在。她开始顶撞妈妈，她觉得写作文变成了无聊的事，对学习感到厌倦。

苏苏觉得压力越来越大，她很难集中注意力，写作业成了一项困难的任务。尽管苏苏的学业表现持续下滑，但她的妈妈依然坚持自己一贯的鼓励方式。她告诉苏苏："没关系，我们下次努力，一定能考好的，因为苏苏是最棒的，是班上最好的学生。"这种反应让苏苏感到更加困惑和压力倍增。

区分"肯定"和"表扬"

从这个故事中，我们可以看到，尽管苏苏的妈妈一直在表扬和鼓励苏苏，但过度的表扬使苏苏感到不真实和不舒服。这种混淆了"肯定"和"表扬"的方式，可能导致孩子在成长过程中缺乏自制力，逐渐失去对学习的兴趣。同时，这也凸显了一个重要的教育原则，即家长在表扬和鼓励孩子时要适度，以免对孩子产生不利影响。

心理学家德西曾经做过这样一个实验：他招了很多大学生在实验室里解有趣的智力难题。实验分为三个阶段：在最开始的时候，所有的被试者都无奖励；后来，大学生被分为两组，实验组的被试者完成一个难题可得到 1 美元的报酬，而控制组的被试者和第一阶段相同，无报酬；最后，实验人员测量被试者继续解题的欲望程度。

德西在实验中发现，在某些情况下，人们在外在报酬和内在报酬兼得的时候，不但不会增强工作动机，反而会降低工作动机。苏苏的妈妈的失误就是给了苏苏太多的表扬。

对于很多家庭来说，孩子就是家庭的中心，父母需要呵护其成长。的确，表扬可以增强孩子的自信心，有利于孩子的健康成长，但父母也应该注意，只在孩子做出值得表扬的行为时才给予表扬。

让我们来看看这两种情况："孩子在看完电影后，主动去写作业了""孩子今天写作业特别专注和认真，提前半小时就完成了"。

前一种情况，孩子在娱乐后主动完成自己的作业，这是孩子正确的行为反应，是合理的行为；后一种情况，孩子明显比一般情况下做得更好，算是优秀的表现。

面对前一种情况，家长应该肯定孩子采取了正确的行动，告诉孩子："你今天做得不错，小学生就应该这样。"面对后一种情况，家长应该表扬孩子的突出表现，说："你今天特别专心和努力，妈妈为你感到骄傲。"事实上，肯定和表扬是有所不同的，它们都有各自的适用范围。肯定是对合理行为的反馈，意思是"你这样做是正确的""你做得没错"，表扬是对突出的优秀表现的反馈，意思是"你很棒""你可以得到奖励"。家长应该避免在孩子仅仅是做出合理的行动时就大肆表扬。

给家长的建议

1. 过度的表扬不可取

泛滥的表扬会让孩子觉得表扬是理所当然的，对自我产生错误的认识。当对孩子的表扬无处不在时，孩子就会觉得"既然我做什么事都会被表扬，那我不学习不听话也无所谓"。在这样的情况下，表扬就失去了塑造行为的作用。

2. 表扬要及时

对值得称赞的行为，家长要适时地称赞，并指出称赞的理由。例如，对"孩子写作业特别专注和认真，提前半小时就完成了"，家长应该明确称赞孩子超常的专注和努力。不然，孩子就会搞不清为什么被称赞，也就谈不上强化良好的行为。

3. 表扬要有因有果

家长要注意表扬的是过程而不是结果。孩子有时会好心办坏事。如果孩子是出于好心，想帮助家长做一些事情，但是由于自身能力不够或疏忽，结果并不美好，这时候家长不分青红皂白地进行批评，可能会打击孩子的积极性，使孩子不敢尝试自己做事了。这时倘若家长能够耐心地听取孩子的解释，夸奖他的积极选择，告诉他如何改进，孩子便更能接受家长的建议。

（二）批评

用最简单的方式让孩子意识到自己错了

6 岁的萌萌和小朋友们聚在一起，玩得不亦乐乎。他们满屋子乱跑，很是高兴。突然，萌萌撞到了桌子，"啪"一声，桌子上摆放的花瓶摔碎了。家长赶紧上前，询问是谁动了它。"不是我！"几个小朋友异口同声。萌萌犹豫了一下，补充道："也不是我。"

萌萌的爸爸很快就明白了事情的原委，但他并没有拆穿。在小朋友们离开后，萌萌的爸爸也没有表现出丝毫的愤怒，反而有意无意地与萌萌保持着距离，并不时地和萌萌的妈妈讨论——"一个说谎的人会不会连自己的父母都不愿意相信了啊？"萌萌见爸爸一直不理她，心里很不是滋味。

第二天早上，忍受不住内心煎熬的萌萌终于向爸爸认错，并请爸爸原谅。萌萌的爸爸笑着说："亲爱的孩子，我就等着这一刻呢，你只有知道自己错了，勇敢地去面对它，以后才不会再犯。爸爸怎么会不原谅你呢？爸爸和以前一样爱你！"

萌萌的爸爸并未正面指责自己孩子的错误，而是用"缄默"的方式向孩子们传达这样的价值观：犯错和说谎一样，都是错，甚至比犯错更严重，会引起人们的反感和不信任。萌萌在内心挣扎中决定主动向家长认错。这样的自我反思明显要比被动地接受教育更有效果。

著名的儿童教育家孙云晓的女儿上小学的时候，特别爱睡懒觉，怎么叫都叫不起来，如果迟到了还要怪父母。

后来，孙云晓给女儿买了一个闹钟，告诉她："从明天开始，该几点起来，你自己上闹钟，闹钟响了不起来，你就是睡到中午

12 点也不叫你。"

头几天闹钟一响，女儿手一抬，就关掉了，结果睡过了头。父母不理她，她自己也没话好说。几次下来，她就开始想办法，放两个闹钟，再把闹钟放在手够不到的地方。不出一个星期，她再也没有迟到。

又有一次，女儿参加夏令营。孙云晓问："东西都准备好了吗?"

女儿说："都好了，您就别管了。"

操心的孙云晓又检查了一遍，发现孩子衣服没带够，手电也没带，就提示说："那边的气候，你知道吗? 衣服够不够? 晚上活动的东西都准备了吗?"女儿不耐烦地说："没问题了，您就别啰嗦了!"孙云晓便不再言语。

一个星期后，女儿回来了。孙云晓关心道："玩得开不开心?""开心。""有没有什么麻烦?""哎呀，冻死了。没想到山里那么冷。""那以后怎么办呢?""以后得像爸爸一样，出远门之前列单子!"

孙云晓选择采用自然惩罚的教育方式引导女儿，通过让孩子自然体验错误行为引发的后果，从而自我反思、吸取教训。因为当孩子亲身经历过不良后果后，往往能更深刻地认识到问题所在，减少未来犯错的概率。毕竟，孩子的成长离不开亲身经验的积累，相较于一味溺爱或空洞说教，这种让孩子在实践中感悟的方式，有时能起到更好的教育效果。不过，在运用这种教育方式时，父母也需要把握好尺度。面对可能威胁孩子安全、造成严重心理创伤或超出孩子承受能力的情况，父母仍需及时介入引导，而不是完全放手。也就是说，适当的引导与保护，和让孩子自主体验并不矛盾，两者结合才能更好地助力孩子成长。

英国教育家赫伯特·斯宾塞在《斯宾塞的快乐教育》一书中曾说："在培养孩子道德品质的过程中，父母应该更多地采用自然教育法，少用人为惩罚。"他认为，人为惩罚是指父母明确地指出孩子的错误，并对他们进行严厉的惩罚。当孩子认识到自己错误的行为所产生的自然后果后，吸取这方面的经验，以后不再犯，就是自然惩罚。

另外，斯宾塞还提出，体罚是一种极端的人为惩罚方式，父母应当慎用。父母要知道，体罚绝对不是主要的教育手段，而且也不要认为只靠这个方法就能把孩子培养成才。过度的惩罚会使孩子的性格变得自卑、孤僻，激起他们的逆反心理，做什么事都要和家长对着干。惩罚是一门特殊的艺术，时机和程度都需要家长进行斟酌。

合理批评

1. 批评要适度

不分场合的批评会打击孩子的自信心，导致他们对任何事都失去兴趣，最终导致的结果就是一件事做不好就放弃，缺少毅力和专注力。孩子犯错后，家长要抓紧时间，及时批评。此外，即使孩子再小，家长也要考虑到孩子的"面子"，当众批评往往容易伤害孩子的自尊，甚至招致孩子的对抗。

2. 批评要有因有果

无论是好的行为还是坏的行为，在孩子还没有正确认知的时候都需要家长进行正确引导，将行为与好坏进行联结。只有这样才能形成正确的强化与惩罚。

有些家长在批评孩子的时候，并没有明确指出改正的方向，也没有给出明确的改进方法，这样的批评是没有用的。家长要学会减少对"错误"的强调，而应把重点放在如何指导孩子改正自己的错误上。惩罚在某种程度上是一种预防性的措施，也是一种威慑。家长若能与孩子充分沟通，告知其后果，孩子便会知道哪些事不能做，做了会受到怎样的处罚。不知不觉间，孩子便会形成一道心理防线，自觉抵制犯错的冲动。

3. 批评要对事不对人

犯错后，家长的否定只能针对孩子的行为而不是孩子个人。在对孩子进行教育的时候，家长应该对事不对人，不能仅仅因为一两次小错误，就否定孩子之前的努力，更不能"翻旧账"，不能只提孩子之前所犯的错误而完全忽略孩子的进步。家长只需要清楚地告诉孩子，这件事做得不对、错在哪里，以后要注意纠正，这样就足够让孩子意识到自己的错误了。

中学篇

从小学升入中学，儿童长成了青少年。

青少年发展最突出的特点是变化快。这不仅体现在他们的身体变化上，也体现在思维方式、情绪反应、人际关系和自我认识等方面。

青少年的注意力、记忆力、信息加工速度、思维控制能力都明显提高。青少年开始了抽象思维，不仅仅像儿童那样参照实际的具体经验来思考，还在假设情境或可能性的基础上进行逻辑推理。

青少年的成长发展虽快，但并不全面和同步。他们的海马回和杏仁核增大，情绪脑区的发育让他们倾向于寻求新奇刺激，但是负责高级推理的前额皮层的发育晚于情绪脑区的发育，使得他们寻求新奇的同时，缺乏与之匹配的理性控制，就会时不时地显得过于冲动。

青少年的快速成长和发育传递出一个明确的信号——"长大了"。对此，孩子和家长常常有着不同的解读：孩子觉得，既然我长大了，就应该让我自己作主；家长觉得，既然你长大了，自然应该更听话。这种解读和期待上的反差，使亲子沟通变得更加困难，以致于不少人将这一阶段视为亲子关系的"爆雷"期。

当然，大部分家庭都顺利乃至成功地度过了这一相对纠结的阶段。成功的关键是做到了顺时施宜。随着孩子不断成长，家长应该调整自己的位置，从站在孩子的前面到站在孩子的旁边，再到站在孩子的身后，而不是一味地站在孩子的前面"指挥"。

第一章　青春期与性态度

一、"不是小孩了"

来自身体的信号

　　和小学生身体的稳定发育阶段不同，中学生的身体发育处于飞跃阶段。一般来说，女孩从十岁左右开始、男孩从十二三岁开始，身高和体重便进入自婴儿期以后增长最快速的阶段，一些孩子甚至会一年长高十几厘米。他们不仅身体增高增重，外形也出现了很大的变化。男生肩部变宽，女生臀部变宽，他们的前额伸展、鼻子和下巴突出、嘴唇变大，面部的比例越来越接近成年人。更为重要的是，他们身体上的性标识很快地突显出来：女孩乳房发育，胸部渐渐地挺了起来；男孩不仅上唇和下巴开始长出胡须，还会喉结突出、声音变粗。他们的生殖器官也快速成熟，私处变得跟成年人没有什么两样。伴随着男孩出现遗精、女孩出现月经初潮，这些性机能成熟的信号都会让他们明确地感到自己已经"不是小孩了"。

　　在这些看得见的外在表现的背后，是内分泌系统和性激素水平的急剧变化。在童年时期，个体的性激素分泌量处于较低水平。进入青春期后，下丘脑、脑垂体和性腺相互协作，促使性激素水平显著提升。无论是男生还是女生，体内都会同时分泌雄性激素和雌性激素，只是男生以雄性激素睾丸酮为主导，女生则以雌性激素雌二醇为主导。具体而言，睾丸酮水平的升高促使男性外生殖器发育成熟，同时也与身高增长、声音变粗等第二性征的出现密切相关。雌二醇水平的升高则对女性的子宫发育、乳房发育、外生殖器发育以及骨盆形态变化起到关键作用。此外，性激素与个体的性心理发展存在关联。青春期性激素水平的显著提升，可能使青少年产生性意识觉醒和对异性的关注，开始对异性产出现正常的性心理萌动。这一阶段青少年的情感与行为更多体现为对异性的关注、渴望交往等，在性教育中需要以科学、正向的态度引导其正确认识身心变化。另外，青少年的情感与行为受家庭、社会、文化等多种因素综合影响，不应单一归因于性激素变化。

性别角色与异性交往

在儿童早期，性别角色的认知开始形成。此时的儿童通过观察周围的成人和同龄人以及接收社会文化环境中的各种信息，开始了解社会对男孩和女孩存在什么样的期望。例如，男孩可能被鼓励展现出更多的勇敢活泼，而女孩则可能被期望表现得更为温柔体贴。在这一时期，儿童的性别角色认知往往是粗浅的。进入青春期，随着生理和心理的急剧变化，个体对性别角色的理解和认知变得更为复杂和深入。青少年开始探索自我身份，包括他们的性别身份。在这个阶段，青少年可能会质疑和挑战早年形成的性别角色观念。青春期的孩子开始更加关注内在品质和个人特性。

与此同时，儿童时期和青少年时期的异性交往也存在着不同。在小学时期，孩子们的异性交往通常是天真的和单纯的。这一阶段的孩子可能会对异性朋友有好奇心，但这种关系往往是基于共同的兴趣和活动，而非基于性别特质。这个时期的异性交往通常不涉及浪漫情愫或性吸引。孩子们可能会有"男生不和女生玩"

或"女生和男生玩就是喜欢他们"之类的简单而刻板的看法。这一时期的友谊往往以同性朋友为主，而异性朋友更多是基于一起玩游戏或参加学校活动的实际情境。

进入青春期后，随着性激素的变化和社交环境的影响，异性交往开始出现显著的变化。青少年开始对异性产生"爱情"方面的兴趣，他们可能会经历暗恋，甚至是初恋。这个时期的青少年会变得在意异性眼中的自己，更关注自己的外表和魅力。他们可能会为了吸引异性而改变自己的着装、兴趣甚至行为。例如，一些青少年可能会为了吸引他们喜欢的人，开始尝试化妆、穿时尚的衣服，参加某些活动，或者在社交媒体上呈现出理想化的自我形象。

青春期的异性交往不仅关乎浪漫与吸引，更涉及复杂的情感体验与社交能力培养。这一阶段的青少年需要学习如何建立和维系健康的异性关系，同时应对来自同伴、家庭以及社会的多重压力。在此过程中，无论是友谊还是恋爱关系，都可能深刻影响青少年的自我认知以及他们未来处理人际关系的模式。因此，青少年迫切需要家长和教育者的引导与支持。一方面，青少年需要理解自身情感的萌发是成长的正常过程，通过自我探索加深对内心感受的认知；另一方面，青少年需要学会尊重自己与他人的边界，在交往中保持理性与分寸。家长和教育者应敏锐察觉青少年的身心变化，主动关注其在人际交往中遇到的困惑与疑问，为青少年营造包容、开放且充满支持的环境，帮助他们在探索自我的过程中获得成长。

激动而又纠结的性探索

青少年时期是人生中的性探索阶段，是个体从儿童到性成熟的成人间的过渡期。青春期最为重要的变化是性生理的成熟和性认识的形成。通过对性的积极探索和思考，青少年得以过渡到成年期成熟的性心理状态。青少年的性探索涉及生活的方方面面，比如自己体验到的性欲望和性冲动、对异性的兴趣和亲近、从各种渠道获取与性有关的信息和知识、交流谈论与性有关的话题、构想别人的性活动和自己的性活动、自慰、发生性关系和发展恋爱关系等。

青春期生理上的变化带来了青少年的性萌动，不论是外形的变化还是生理的成熟，都可能会影响他们的情绪状态和自我认知。外表的变化会让他们开始在意并关注自身的外貌和形象，在意异性对他们的看法，并开始渴望与异性建立亲密联系。荷尔蒙带来的情绪敏感和波动，也会让一些青少年出现情感困惑和烦恼。青少年会好奇关于"性"的问题，有时候好奇的结果可能是尝试性行为。

不少人对青少年的性探索持消极的刻板印象，不管是对外貌敏感、和异性建立私密的关系，还是自慰和发生性关系，都一股脑儿地觉得"是个问题"。人们对青少年性活动的担心是正常的，因为某些性活动的后果一旦落在青少年的身上，很可能成为难解的问题，比如怀孕、懵懂纠结的性关系等，都是青少年难以承受和面对的。从生理上看，青少年的性机能逐渐发育充分，具备性生活甚至生育的能力。然而，青少年时期的大脑发育存在特殊性——边缘系统已基本发育完善，但额叶尚未完全成熟。这种发育进程的差异，导致青少年对性体验充满渴望，却缺乏足够的理性控制能力。正因如此，青少年在性方面表现出冲动与莽撞，也就不难理解了。

庆幸的是，绝大多数青少年并没有任由自己的荷尔蒙和边缘系统一味放肆，而是表现出健康理性的性态度。这是因为社会因素对性观念与性行为的强大塑造作用。在古代，十五六岁可能是适龄的婚嫁年龄，比如唐代法律规定"男十五、女十三以上，得嫁娶"，明代亦有"凡男年十六、女年十四以上，并听嫁娶"的规范。以婚育年龄为例，在古代，十六七岁结不了婚会被认为"不合适"；在现代，十六七岁发生性行为会被认为"不合适"，这种古今差异鲜明地印证了社会文化对性观念与行为的深刻影响。事实上，不同时代、地域的性观念差异显著，而青少年的性探索过程，本质上是逐步形成与所处社会文化相适配的性态度的过程。

不可否认的是，一些处于青春期的男孩女孩，容易因为迷茫而陷入情感漩涡。由于他们对爱情的认知尚浅，往往会将好感、崇拜心理或单纯的好奇，误当作爱情。加之青春期心理尚未成熟，他们难以清晰分辨这些情感的本质差异。因此，对青少年的情感认知进行科学引导十分必要。

二、酸甜苦涩的烦恼

小青喜欢上了他

那天的天空是清澈的蓝
棉花糖般的云朵相互依偎着
你潇洒进球后望向人群中的我
明媚的笑容，金色的耀眼阳光
夏日的风里有挥散不去的热意
我却希望时间定格在烈日下的
那节体育课

小青在自己的日记本里小心翼翼地写下了这段话，心中如柠檬般

甜蜜又酸涩。"要是他知道了会如何面对我这份小心思呢""好想和他一直当同学，可是我们又快毕业了"……小青放下手中的笔躺在床上辗转反侧。"会不会被家长或老师发现""被他们发现会怎样"……越是这样想着，小青就越是忐忑与迷茫。今晚，又是个不眠夜……

失眠让小青第二天起床异常困难，慌乱中来不及整理好日记本就去上学了。妈妈进小青房间找东西的时候看到了女儿桌子上打开的日记本。

思来想去，小青的妈妈决定在房间里留下一封手写信。

亲爱的宝贝：

首先妈妈要对你说声抱歉，因为我在帮你收拾房间的时候不小心看到了你没有合上的日记本。

希望你不要怪妈妈发现了你的"秘密"，妈妈不是故意这样做的。如果妈妈也给你交换一个关于我的"秘密"，你会不会原谅妈妈呢？

妈妈像你一样年纪的时候，偷偷喜欢过隔壁班一个打篮球的男生（希望你能帮我保密哦）。回想我为什么会喜欢那个男生，我想一开始可能是因为他出色的外表，但后来我让我最欣赏的一点是他的"坚持"。为什么这样说呢？他虽然喜欢打篮球，但是他打得并不好，在校队里面总是替补。我经常躲在教学楼二楼偷看独自在篮球场练习投篮的他，还差点在"损友"的煽动下去给他送水……后面他如愿以偿成为校队的主力之一，捧起冠军奖杯的他真的很耀眼。毕业的时候我鼓起勇气去和他说话，他居然说其实也有默默关注我，因为羡慕我成绩好……现在妈妈都已经忘记当时具体和他说了些什么了，只记得他夸我的时候我很开心……再后来当我面对生活中的困难无数次想放弃的时候，脑海里都会闪过那个默默坚持的身影，想起他对我的称赞，这些都成了鼓励我勇敢向前的力量。当妈妈看到你记录下的文字的时候，心里其实很开心，觉得我的女儿长大了，也有了自己欣赏的对象。希望你不会因此而觉得慌乱不安，青春时期的内心萌动再正常不过了，我们也不需要去刻意回避，可以把这种喜欢转化为让自己变得更优秀的动力。要是你感到困惑或需要帮忙，随时可以找妈妈聊天。希望我的女儿可以在成长的路上勇往直前。

爱你的妈妈

×月×日

孩子步入青春期，会慢慢萌生对异性的好感。他们会渴望得到异性的关注，也在意自己在异性心中的形象。因此，处于这个年龄段的孩子表现出对异性的青睐是很正常的事情，家长不必大惊小怪。小青的妈妈"撞破"了女儿的"喜欢"，没有责怪也没有视而不见，而是选择主动和女儿分享自己年轻时候的经历，希望借此去引导女儿将喜欢转化为让自己变优秀的动力，肯定孩子的正常心理后引导孩子去面对自己内心的悸动。这样平等的姿态不会让孩子觉得父母是高高在上的，而是可以互相分享秘密的"好朋友"。实际上，青春期的孩子对异性的喜欢往往是很单纯的，家长不必过多用成年人的眼光去看待，反而应该因势利导，和孩子建立朋友般的信任关系，并且加以引导。

小花被同学打趣

洋洋和小花是发小，幼儿园和小学都在同一个班，到了初中他们又成了同桌。小花的数学比洋洋好，洋洋经常拿着数学题询问小花。洋洋的英语写作非常优秀，也经常给予小花英语学习的建议。他们就在这样的相互帮助中一起进步。期中考试，洋洋和小花成绩都有了明显的提升，他们非常高兴，约定互相请对方吃好吃的，以表达感谢。

那天放学后，洋洋和小花一起结伴往校门口的小吃摊走，路上碰见了班里三个拉帮结派的同学，为首的一看到他们就开始说："你们两个是要去约会吗？是不是还要去谈恋爱啊？"另外两个男生听完之后哈哈大笑……

小花羞红了脸，洋洋也一时间不知所措……等到他们起哄完离开后，洋洋和小花走向小吃店。本以为这只是一次小小的玩笑，结果某次数学课后，小花一如既往地帮助洋洋理解数学课上的知识难点，这个场景又被那三位同学看见了。其中一位同学扯着嗓子大声喊："快看快看，小情侣又在互相帮助啦！"听完这话，周围的同学顿时哄堂大笑，小花脸红着跑出了教室，洋洋则深深地低下头……

小花回到家后大哭了一场，她不明白为什么和发小关系好会被一些同学打趣。妈妈看到小花哭红的眼眶，询问她在学校发生了什么事，小花一五一十地告诉了妈妈。妈妈思考了一会儿，问小花："你觉得他们为什么要说你和洋洋是小情侣呢？"

"可能因为我和洋洋整天待在一起。"小花说。

"进入青春期，大部分同学开始对异性感兴趣，也会特别注意走得近的男女同学。他们拿你和洋洋的关系取乐，这是不对的。我觉得你不用因为他们的恶意行为而停止和洋洋做朋友。"妈妈分析道。

"我不想失去洋洋这个朋友，但他们都笑我，我该怎么办呢？"小花问。

"妈妈支持你，你有洋洋这样的好朋友当然是好事。不过，交朋友也要注意场合。比如，妈妈在单位会跟很多同事合作，与其中的两个是很好的朋友，其中一个是男的，另一个是女的。尽管我们是朋友，我也不能先处理他们的事情而把别的工作人员晾在一边，对吧？另外，随着年龄的增长，同性朋友和异性朋友之间的交往方式会有所不同。比如，妈妈晚上和那位阿姨朋友出去看电影没什么问题，但和那位叔叔朋友出去看电影就不太合适。所以呀，我们要善于交朋友，不但让我们与朋友相处时很愉快，同时也要和周围其他人相处和谐。你能不能像妈妈一样，既和洋洋交朋友，又对其他同学很友好，比如帮助其他同学学数学等。其实，除了洋洋外，你还可以有更多的朋友。"妈妈这样回答。

　　小花和洋洋的友谊是基于长期的了解和相互支持建立的，这种深厚的友谊对青少年的情感发展非常重要。然而，在这个阶段，同伴的影响和压力也明显增加，嘲笑和讥讽是一种常见的来自同伴的压力。对于小花和洋洋来说，这种经历可能导致自我怀疑，尤其是在如此敏感的青春期。小花的妈妈通过倾听、理解和支持的方式安慰了小花。这种平等的沟通方式抚慰了小花敏感的内心，也有利于培养小花的独立思考和自我决策能力。当孩子们学会了根据自己的价值观和感受来做决定，而不是盲目追随他人，他们便能更加自信地去面对未来需要应对的挑战。

给家长的建议

　　青少年在成长过程中常面临诸多情感与行为问题，如初恋时的不知所措、单恋带来的困扰，甚至因性观念不成熟引发的高危性行为风险等。从本质上看，这些青春期的心理紧张与现实矛盾，很大程度上源于生理发育与社会角色定位的错位——青少年虽然在生理层面已达到性成熟阶段，但在家庭、学校以及社会环境中，仍被赋予"学生"的社会角色。家长、教育者和社会普遍将"专注学业"作为对他们的核心期待，这种生理发育与社会角色的矛盾张力，正是催生各类成长问题的重要根源。

1. 在孩子与异性交往时予以恰当引导

家长应当认识到，健康的异性交往对青少年的成长发展具有重要意义。其一，异性交往有助于完善青少年的个性发展。受社会性别角色期待的影响，男性往往展现出坚强刚毅的特质，女性则更多表现出温柔耐心的性格。在日常相处中，这些互补的性格特征能够相互影响，帮助青少年塑造更加完整的人格。同时，异性间在认知层面的差异所带来的多元观点与经验，也能拓宽青少年的思维维度，提升青少年分析与解决问题的能力。其二，异性交往能够加速青少年的社会化进程，为其积累早期的社会交往经验。在与异性互动的过程中，青少年可以深入了解性别差异，学习符合自身性别的行为模式，掌握与异性和谐相处的社交技巧。这些经验不仅有助于提升青少年的人际交往能力，还为其未来选择合适的伴侣奠定基础。其三，青春期是性意识觉醒的重要阶段，青少年自然会产生了解异性、建立友谊的心理需求。当这种需求得到合理满足时，他们能够获得积极的情感体验，从而培养出乐观开朗的性格。此外，正常的异性交往还能有效缓解青少年对异性的好奇与神秘感，避免因过度关注而产生的敏感心理。

正如小花的故事所示，青少年在两性交往过程中，常面临同伴群体的非议与嘲笑。对此，家长应积极为孩子营造健康的异性交往环境。一方面，家长应通过日常沟通与引导，帮助孩子正确认识异性交往的正常性与必要性，鼓励孩子以自然、大方的态度与异性相处，同时教导孩子不轻易因为他人的不当评价而产生心理负担。另一方面，在家庭生活与亲子活动中，家长可以有意识地创造机会，引导孩子发展积极健康的异性关系。例如，家长可以支持孩子参与男女共同参与的兴趣活动，鼓励孩子与异性伙伴互相学习、共同进步，将纯真的友谊转化为成长的动力。

家长可以引导孩子正确认识异性友谊与同性友谊的差异。首先，在交流内容上存在明显区别。同性之间往往能畅聊私密话题，但类似话题若出现在异性交往中，可能会被视为不尊重，甚至构成冒犯。其次，肢体互动的尺度不同。同性之间常见的牵手、勾肩搭背等亲密动作，在异性间则容易被误解为关系越界。最后，情感表达的方式有所差异。女生间常用亲昵称呼如"宝贝"来表达喜爱，但将此类称呼用于异性，可能会引发对方不适，产生越界之感。当孩子因行为不符合社会普遍认知而受到他人非议时，家长不应简单批评指责，而是需要耐心解释背后的社会文化因素，分析利弊，帮助孩子理解行为的边界，引导孩子自主做出恰当的选择。

2. 不贴"早恋"的标签

"早恋"指的是相对于成年期而言，在青春期的较早阶段开始经历浪漫的情感关系。这种浪漫的情感关系常常发生在心理和情感上还不成熟的青少年阶段，因此经常被质疑，甚至带着抨击的色彩。"早恋"多"早"算"早"？目前，心理学家们并没有总结出"早恋"的标准。很多时候，成人认定的"早恋"其实并不符合严格意义上的恋爱的定义。

给恋爱加上一个"早"字，意味着所进行的恋爱行为是不合理的，而在大部分文化背景下，被认为"不合理"的两性互动往往与负面评价和羞耻感挂钩。因此，当成人给孩子的行为贴上"早恋"的标签时，很可能将"羞耻"刻在了他们的心中。

羞耻感可能会让孩子终止所谓的"恋爱"活动，但以这种手段来终止常常会引发一系列更为严重的后果。

首先，他们"恋爱"活动的终止很可能是表面的，孩子可能将家长口中所谓的"不三不四"的活动转入地下，偷偷在夜晚聊天，找没有人的地方见面，在恐惧或担忧的心情下无时无刻不在警惕着被发现。这样不但没能解决问题，还严重破坏了亲子之间的信任和沟通关系。亲子关系的破坏会使其他各种问题的解决变得困难，因为孩子不再告诉家长他们都做了些什么，更不会告诉家长他们的想法。即使孩子因为羞耻感而真的停止"恋爱"，行动层面的"不做"，不等于心理层面的"不想"。就算是孩子努力克制自己不去想，但越是克制往往越是更加频繁地想。总之，这种迫于羞耻感而停止的"恋爱"活动，不太可能从内到外真正地停止。

其次，羞耻感会导致自尊降低、社交障碍、自我压抑等心理问题。例如，青少年可能因为担心被他人评判或嘲笑而感到不自信、自卑或羞愧，这可能对他们的自我认同和自我价值感产生负面影响。恋爱羞耻感可能导致青少年在社交场合中感到不自在、紧张或难以融入。他们可能避免参与或谈论恋爱话题，从而感到与同龄人的隔离和疏远。

最后，恋爱羞耻感可能对青少年的情感发展产生负面影响。他们可能后续无法真实地探索和体验恋爱中的情感与亲密，错过了发展健康恋爱关系的机会。一旦在青少年时期被打上"羞耻"标签，他们可能会形成"表达爱是一件可耻的事"的信念，从而在成年期的亲密关系中抑制自我的表达，因为心里始终担心被他人嘲笑或否定。这种自我压抑会导致负面情感的积压，不利于亲密关系的建立和维系。

家长和老师应避免随意给青少年扣上"早恋"的帽子，青春期的孩子自身处于情绪敏感期，家长和老师若是做出不恰当的反应，一味地采取"禁"和"堵"来设置障碍，阻碍青少年异性间的正常交往，不但可能让孩子产生逆反心理，还非常容易给孩子造成心理上的伤害。

当然，家长和老师也不能对青少年不合理的异性交往行为听之任之，而应从孩子的视角出发，以理解和引导的态度，帮助孩子权衡利弊，明晰异性交往中的边界与分寸，掌握与异性健康相处的方法，从而学会正确对待和妥善处理情感关系。

3. 让孩子觉得"被理解"

家长需要避免陷入"我觉得"的陷阱，避免认为自己已经非常理解孩子了，仅按自己的想法采取行动。不少家长觉得自己为孩子付出了很多，可是孩子还是不领情，其原因往往是孩子觉得家长并不理解自己。

共情是让人感到被理解的基础，对周围世界的感知和认识越相似的人之间越容易彼此共情。由于时代的发展，父母和孩子之间的成长背景存在很大的差异，当父母从自己早年的经验出发去理解和讨论孩子当下的"恋爱"行为时，很难与孩子共情。如果父母以成年人的视角去讨论孩子的问题，也不太可能与孩子共情。孩子或许无法辩驳父母所谓的"真理"，但孩子不会觉得自己被理解。亲子关系就这样出现了裂痕，孩子觉得"您都对，但您不懂我"。

针对两性关系的问题，家长与孩子进行沟通时可以参考以下几点：

第一，家长首先要有思想准备。家长在察觉到孩子和异性同伴关系密切的时候，不要大惊小怪、过度反应，因为这是每个孩子在青春期都会经历的过程。家长和老师都要正视青少年的这种现实需要，理解孩子青春期的变化。如果家长自己情绪激动，建议暂时不要与孩子沟通和"讲道理"。

第二，尊重孩子的隐私。家长应尊重孩子的隐私，在孩子不愿意说的时候不要强迫孩子说，更不要采取以"偷看日记""跟踪孩子"等不恰当的方式去"了解"情况。

第三，尊重孩子的独立性和个体差异。家长应给予孩子自主权和自主选择的空间，让他们有机会探索和表达自己的情感。

第四，接纳、包容和支持。家长应接纳孩子的情绪和体验，无论是积极的还是所谓"负面的"，家长都应给予孩子情感上的支持，让他们感到安全和放心，愿意与家长分享更多的内心世界。

第五，建立积极、平等的沟通方式。积极良好的沟通依赖于平日里打下的基础。家长在和孩子沟通的时候可以主动分享自己少年时遇到的相似的经历，和孩子拉近距离，让他们感到自由和舒适地与家长交流。家长应鼓励孩子表达自己的情感、问题和需求，避免一直处于"家长说、孩子听"的境地。家长应做孩子最佳的"倾听者"，在孩子愿意开口倾诉的时候，尽可能放下自己所忙的事情认真地倾听，并且对孩子倾诉的内容不做过多的"消极"评判，如"幼稚""没必要"等。当孩子表现出需要帮助的时候，家长可以适时提供支持、建议或帮助。

4. 适当的建议和约定

在充分理解与异性交往的规矩的基础上，家长可以与孩子形成一些约定，比如"几点前回家""同异性见面的地点要在公共场合等安全的地方"等。家长还可以和孩子约定，遇到自己不能解决的困难一定要告诉家长，告诉孩子"爸爸妈妈这里永远是你的避风港"。

除了这样循序渐进地引导之外，家长还可以鼓励孩子与不同性别、不同性格的同学广泛建立友谊，还可以为孩子创造安全的社交环境，比如鼓励孩子把同学朋友带到家里一起玩。这样家长在和孩子建立信任关系的同时有利于了解孩子的社交圈。

其实，若家长能以开放、积极的态度与孩子探讨两性关系问题，家长就能参与各种具体问题的处理，就能帮助孩子获得积极的认识，发展相应的能力。在两性行为上，家长不可能完全替孩子做主，只能帮他们做出正确选择并付诸行动。

三、务实的性教育

健康的性态度

对青少年的性态度，我们应该有哪些期待呢？提起青少年的"性"，一些父母会说"这些事情我们当年想都不会想"。不难看出，他们将自己青少年时期对性的绝对保守作为一种理想状态。当然，他们所说的"想都不会想"多半不准确。更确切地说，他们只是经历了一个"没有勇气把想法说出口"的年代。现在，人们对"性"持更加开放和包容的态度。当然，与一些彰显性开放的国家相比，我国国民对性的态度仍然相对保守。简单地说，当下社会在尊重个人的性选择的同时，也明确地赞许理性的、负责任的性关系。如果整个社会对性持相对开放的态度，不可能唯独青少年对性表现出绝对的保守。青少年对性的探索是天性使然，在当今的社会理应被理解和正视。既然我们的社会尊重个人的性选择，又赞许理性的、负责任的性关系，那么我们应期待青少年以积极、审慎的态度探索性议题，思考"在性方面，我要做什么样的人"，最终做出既让自己满意又与社会相适应的性选择，构建起健康的"性自我"。

　　哪些社会因素会影响青少年的性态度呢？首先是社会整体的性风气。一般来说，社会赞许什么样的性，青少年就会将这样的性活动作为自己性实践的首选脚本。青少年无时无刻不感受到当下的性风气，父母的言行、人们谈论的话题、年轻人的约会方式、婚嫁习俗等，都散发一个社会独有的性风气。青少年接触到的性信息非常广泛，看电视、上网、逛商场、偶尔听旁边人讲的"黄段子"，都可能提醒他们对性的注意和思考，潜移默化地影响他们的性态度和性行为。当然，青少年也会有意识地寻求性知识，通过读书、在网上搜索相关信息等途径，去了解性究竟是怎么一回事。他们与同伴一起谈论性话题，在关系密切的青少年之间，这样的讨论更加频繁，比如从某个影视剧的情节谈到接吻，说到"性感"的时候，又从某个明星聊到班上的同学。此外，同伴中其他人的性关系很容易成为模仿对象。看到同龄人实践了性关系，青少年自然会觉得性并非遥不可及、只会发生在成年人身上。可见，主动查阅知识和同伴交流对青少年的性态度具有更为重要的作用，而环境中各种各样的性信息，又常常成为他们主动查阅知识和同伴交流的主题。

　　当然，青少年也会通过父母、学校获得性方面的知识。只不过，青少年一般不会主动向成年人提出要求，询问与性有关的问题。值得注意的是，尽管青少年很少从父母那里直接获得性知识，但良好的亲子关系对青少年的性态度有明显的影响。与父母关系良好的青少年的性观念往往更健康，能更好地控制自己的性冲动。因此，父母对青少年性态度的影响，不在于直接向孩子讲了多少性知识，更在于良好的亲子关系让孩子更容易认同父母的看法，由父母的性观念形成自己的性态度，并在做出选择的时候考虑父母的感受。

影响青少年性态度的因素主要包括以下几个方面：第一，家庭因素。家庭的教育方式、父母对性话题的态度以及与子女的沟通程度都会影响青少年的性态度。第二，学校教育。学校提供的性教育课程和活动可以帮助青少年建立正确的性知识和性态度。第三，同伴影响。同龄人之间的交流和影响对青少年性态度的形成有重要作用。第四，社会文化。社会文化环境、媒体内容、网络信息等都会对青少年的性态度产生影响。第五，个人心理发展。青少年个人的心理发展阶段、自我认知和性取向认同也会影响其性态度。第六，性知识水平。青少年对性与生殖健康知识的了解程度，包括对艾滋病、性传播疾病的了解，会影响他们的性态度和行为。第七，宗教信仰。某些宗教信仰可能会对性行为和性态度有一定的指导和限制作用。这些因素相互作用，共同塑造青少年的性态度和行为。

有研究发现，看带性色彩节目的青少年发生性行为的概率更大。这样的研究结果不免让人觉得不过是在说一件不言而喻的事情，而且也不能说明究竟是看带性色彩节目促使青少年发生性行为，还是性行为倾向高的青少年更喜欢看带性色彩的节目。不过，有一点是毋庸置疑的，观看带性色彩节目可能激发青少年对性的欲望甚至产生性冲动。前文已经提到，青少年性机能已经成熟但理性自控能力不足。那些发生性关系的青少年，很多都因为抵抗不了当时的性冲动，稀里糊涂就发生了性关系。那些重复发生性关系的青少年，有的觉得自己已经准备好了，能够对付一切可能的后果，哪怕失去眼下的一切；有的则认为可以将这方面的行为保持在秘密状态，从而与眼下的生活相容。显然，无论是哪种想法，都跟现实相去甚远。鉴于青少年的这一生理和心理状态，避免青少年把自己置于容易激发性欲和性冲动的情境，显然是一个明智的做法。

需要对中学生进行性教育吗

答案是肯定的。很多人会认为，之所以要对中学生进行性教育，是因为他们缺乏对性的了解。但是，这样的想法并不准确。当今的中学生并非没有渠道获取有关性的信息，影视剧、小说、广告、各种形式的网络信息，很多都直接或间接地展示着性信息。问题是，由于追求娱乐效果，影视节目传达给青少年的性信息通常不现实，并非合理的性知识。现在的青少年生活在一个充满性信息的环境里，他们接触的性信息虽然很丰富，但不少信息是不现实的、不健康的甚至是错误的。在泥沙俱下的信息潮流中，想促使青少年发展出健康的性态度、构建积极的性自我，不仅需要为他们提供知识，更需要引导他们辨析良莠、做出选择。

青少年尚不具备相应的控制情绪和管理性行为的能力，更没有应对性行为可能带来的后果的能力和资源。性不仅是生理现象，还是具有丰富的社会文化内涵，不同文化对性赋予了不同的信念和价值。青少年需要充分了解性的社会意义，才能在此基础上做出负责任的选择，确定"在性方面，我要成为什么样的人"。因此，对青少年的性教育不应只是向他们讲授性生理及性卫生方面的知识，而更应帮助他们了解性的社会意义，鼓励他们思考自己的性定位，即在性活动和性关系方面，"我"要成就什么样的个人品质。对于绝大多数人来说，其都存在性满足和成就性自我之间的冲突，对青少年来说更是如此。因此，对青少年的性教育还应帮助他们掌握处理冲突的办法，比如如何控制性冲动、与同龄异性单独相处时应该注意什么等。

如何对孩子进行性教育

对中学生进行性教育，前提是对青春期性发育持积极期待的态度，理解性生理发育是自然的过程，为了构建性自我，青少年必然进行性探索。我们对孩子生理上的性反应和行为上的性好奇，都不必大惊小怪，更不要表现出厌恶、否定的态度。性教育的目的是促使青少年积极地面对自己的变化、理性地探索和做出选择，而不是回避问题，更不是对自己的身体变化和内心体验感到害怕和羞愧。对青春期的各种表现，我们都应理解，认为这些是人之常情，相信孩子能够妥善处理问题，表示随时乐意为孩子解答疑惑和提供帮助。

父母在日常生活中传达的观念和学校开展相关课程，可以对中学生的性知识进行有效的补充，并且为他们在各种性信息中辨析良莠提供依据。青少年很少主动跟父母讨论性话题，家长也感到难以开口。不管是对于父母来说还是对于孩子来说，直白地说"性"都显得有些尴尬和不自然。父母对青少年性态度的影响较少来自直接的"言传"，更多来自间接的"身教"。对社会环境中纷繁的与性有关信息，父母应表现出理性的态度，既不武断地批评，比如"这个网红打扮得花枝招展，一看就不是个好人"，也不随波逐流地一味赞同，比如"这个网红性感漂亮，所以成功"。父母对周围的性信息如果做出审慎地评判，无疑是给孩子树立了一个好的榜样。前文提到，中学生有意识地寻求性知识，通过读书、与同伴交流、在网上搜索相关信息等途径了解性。家长可以为孩子提供科学且有趣的图书，欢迎他们提出问题，并鼓励他们在同伴中分享健康的网络信息。

学校对青少年性教育的内容因不同的社会文化而异。在性开放的国家，学校性教育主要针对青少年怀孕、性病和与性有关的犯罪等问题，内容设置自然集中在避孕、防止性骚扰和性侵等。我国的性文化跟此类国家有明显的差异，不能照搬他们的教育内容和教育方式。基于"尊重个人的性选择，赞许理性的、负责任的性关系"这一基本态度，我国青少年性教育内容主要集中在青春期发育、性关系、对性行为负责、性冲动控制、人类免疫缺陷病毒（HIV）和获得性免疫缺陷综合征（AIDS）传播、防止性伤害等。针对中学生的性教育应该考虑到他们正处于青春期，这是一个身体、情感以及社会关系迅速变化的时期。性教育在这个阶段不仅要包含生理健康知识，还应涉及情感、人际关系和社会责任等方面。

对中学生的性生理健康教育首先应介绍生殖系统的知识，需要让中学生了解男性和女性生殖系统的结构与功能。对中学生的性生理健康教育要向中学生介绍青春期可能发生的生理变化，比如月经、遗精等。对中学生的性生理健康教育要向中学生介绍性健康相关知识，包括性传播疾病的预防、避孕方法以及生殖健康等。

对中学生的情感和关系教育可以在心理课堂上探讨与青春期情感变化相关的话题，如浪漫感情、情感管理；讨论什么是健康的关系和不健康的关系，包括友谊和浪漫关系，让中学生理解什么是尊重他人，强调彼此同意的重要性。

第二章　认知发展与学业压力

一、中学生的认知发展

认知能力全面提升

孩子进入中学后，认知能力的方方面面都出现了长足的发展；他们的学习和思考不再像小学生那样一板一眼，而是反应灵敏、思维奔放、联想丰富，有时让身边的成年人都招架不住。

中学时期的青少年的注意力较小学生有明显的提升。年幼的儿童往往只能注意一个话题的一个维度，青少年则已经能够记住话题的多个维度。随着年龄的增长，青少年在不同任务之间转换注意和分配注意的能力也越来越强。注意力的发展使青少年开始从不同的角度观察和思考问题，能够在不同的事物之间更加灵活地转换，在推进一项任务时能够更长时间地保持专注。

随着大脑的继续髓鞘化和突触联结进一步增强，青少年在处理信息时，信息容量比小学生大得多、加工速度比小学生快得多。这大大地提升了青少年的学习效率，使他们能够对老师的讲课内容及时地做出反应，能够完成大量的家庭作业。他们的记忆力也有明显的进步。首先，他们记忆的信息单元比小学生记忆的信息单元更为复杂，小学生需要逐字逐词地对语言进行记忆加工，中学生则可以整句甚至组句地记忆文本。青少年对信息的回忆提取也更有效率，因为他们记忆库中的知识不但大大增加，而且知识之间建立起更为丰富的联系。

与儿童相比，青少年对思维任务的控制和选择也进一步增强。青少年能判断任务的难度和执行条件，并在不同的完成任务的办法中做出选择。一些青少年还发展出良好的自我调节能力，他们设定目标、拓展知识、坚持任务执行直到完成任务。这些学生被称为自我调节学习者。他们意识到自己的情绪并通过相应的策略来管理自己的情绪，监控任务执行状况并进行适应性调整。研究证明，大多数高成就的学生都是自我调节学习者。

中学期间，青少年的决策能力也有明显的提高，他们不但喜欢对事情做决策，对自己的决定也往往十分自信。和什么人交朋友、参加哪个兴趣小组、将来做什么工作，对这些问题，他们会从不同的角度进行思考，评价信息来源的可靠性，预测不同选择的结果。随着年龄的增长，他们记住先前决策的结果，并在先前决策的基础上做出调整。

抽象思维

中学生的思维变得更加抽象。除了像小学生那样参照实际的具体经验来思考问题外，中学生还能在假设情境或假设可能性的基础上进行逻辑推理。在进行诸如"二十问"游戏时，青少年的表现会与年幼儿童明显不同。在该游戏中，主持游戏的人呈现给参与者42张彩色图片，这些图片排列成6行、每行7张，主持游戏的人心中确定一张图片，由参与者猜测主持者心中想的是哪张图片，参与者可以向主持者提问，主持者只能回答"是"或者"否"。在进行这项游戏时，中学生会在心中形成一系列假设，并在此基础上慎重地选择问题，以检验自己的假设，比如采取分半策略，询问"图片在上面的三行之中吗"等一系列问题。高效分半策略只需六七个问题就可以找到答案。一般来说，随着年龄的增长，中学生对这样的游戏越来越得心应手，小学生则常常会就已经排除的可能性提问。

有时候，青少年十分沉溺于推理活动，即便是基于一个显然的错误前提，他们也对推导结果乐此不疲。我们经常可以看见，几个中学生针对一个荒唐的假设酣畅淋漓地争论"正确的结果"。

中学生的抽象思维发展对亲子沟通提出了新的要求。之前处于儿童阶段时，孩子基于具体事例进行思考，家长用现实的具体事例往往就能说服他们。对于年幼的儿童来说，"上次一个小朋友去爬公园的树，结果不但自己擦伤，还因弄坏了花草挨批评，爸妈因此还赔了钱"，很可能让他放弃爬树的想法。到了青少年阶段，孩子有了抽象思维，可以基于假设的可能性进行思考。如果家长没有意识到孩子的思维方式已经出现了变化，继续用小学时习惯的办法跟他们进行沟通和讨论，就很容易造成爸妈生气、孩子心烦的结果。因为对他们展示具体事例时，很可能遭遇他们基于假设的质疑。对"上次一个小朋友去爬公园的树，结果不但自己擦伤，还因弄坏了花草挨批评，爸妈因此还赔了钱"，他们很可能说，"爬个树都会被抓，太蠢了吧""既然是公园，就是为了让人玩得高兴，树为什么就不能爬""谁定的规矩，凭什么这样"。这样的对话很容易让青少年觉得父母把他当小孩哄，家长又会觉得他不像过去那样听话，变得固执、爱狡辩。

批判性思维和创造性思维

青少年基于理想化的对周围的否定倾向与批判性思维不是一回事。作为一种反省式的思维，批判性思维更多是对自己思维的关注、斟酌、质疑和校正，而不是基于自己的标准对外界的人和事一味地批评。青少年时期是批判性思维发展的一个重要时期，随着年龄的增长，青少年在思考时的反省会越来越多。不过，即便是到了青少年晚期，也只有大约一半的中学生具备较强的批判性思维能力。

批判性思维的发展需要一定的条件。首先，信息加工的速度、自动化和容量均达到一定的程度。因为只有信息加工的效率足够高，才可能有剩余的认知资源用于自省。试想一下，如果一名初中生费很大劲才完成一项观察报告，又怎么可能在写报告的时候反省自己的某个想法是不是合理呢？其次，批判性思维还需要在多个领域有较好的知识积累，只有有所参照或能够从不同角度进行审视，才可能对自己的想法进行反思。最后，批判性思维还需要良好的过程控制力。反思意味着思考过程中的反复或多维度，如果没有良好的认知控制，就很难将反省和其他信息处理结合起来，从而获得良好的结果。如果缺乏良好的控制力，可能一反思就跑偏了，越跑越远，陷入与主题无关的空想；或者一反思就没了主见，处处怀疑，无法继续推进任务。总之，批判性思维是在已取得的认知发展基础上发展起来的，包括信息加工过程、记忆中已经储存的知识、将已有的知识与新的信息联系来的能力等。因此，我们可以将批判性思维看成认知发展的一个标识，如果青少年已经发展出较好的批判性思维，那么他们在其他方面的认知发展一定不会太差。

如何培养青少年的批判性思维呢？学校的课程教育虽然涉及批判性思维的内容，但不少学者认为，这些刻意设计的推理训练的作用是有限的，在日常生活中更能培养青少年的批判性思维。我们应让青少年意识到问题的存在，尤其是在司空见惯的事情上发现问题。思考没有确定答案的问题时，很可能促进青少年的批判性思维，当他们在几个可能的选项中权衡时，一般会夹杂着对各种想法的质疑。

批判性思维让青少年更全面、更深入地思考问题，从而避免片面、找到更为合理的解决方案。创造性思维则让青少年突破已有的框架，找到新办法、新途径。培养青少年创造性思维的关键是给他们充分的尝试机会，并鼓励他们寻求不一样的结果。妨碍创造性思维发展的最大障碍则是对标准做法和标准答案的强调。当标准做法和标准答案被强调时，也就在传递这样的信念：只有既定的东西才是对的、才能被看重。如果仅仅沿着既定的路线朝既定的目标行进，怎么可能有新的发现呢？此外，有研究发现，能激发创造性思维的常常是对任务本身的兴趣、完成任务过程中体验到的自我肯定，比如感到自己有能力、发现自己变得越来越好。如果过多地强调外部竞争和得到奖励，也许会让青少年更加努力地取得好成绩，却不太会激励他们创造性地去解决问题，他们的创造性表现反而不佳。

在对青少年进行思维训练时，成人首先应分清需要解决的问题是"能够独立解决的问题"还是"在他人的帮助下能够解决的问题"。对"能够独立解决的问题"，我们应放手让青少年去处理，完成任务后再讨论，一起审视解决问题时的想法和决定。这样可以加深青少年对问题解决办法的理解。对"在他人的帮助下能够解决的问题"，我们应先对问题的解决过程进行讨论，弄清青少年具体需要什么样的帮助，划分清楚"你做什么"和"我做什么"，并在问题处理过程中及时商量。不过，即便是始终让青少年体验"在他人的帮助下能够解决的问题"，青少年也最好独立完成自己承担的任务。这样不但有助于培养青少年分析问题的能力，还能提高他们的任务组织和控制能力。这次"在他人的帮助下能够解决的问题",下次很可能就变成"能够独立解决的问题"。

中学阶段的学习

青少年进入初中后,往往会面临与小学时期不同的学习环境,这对他们的适应能力提出了更高的要求。就学习内容而言,在小学阶段,课堂教学容量小,一般每节课围绕着一两个知识点进行讲解,以基础知识的讲解和巩固为主,主要强调语文、数学、英语科目的学习,并且会在教学过程中穿插故事或视频,趣味性较强。进入初中后,每节课需要掌握的知识要点急剧增加,不同课程之间的连贯性和逻辑性更强,一节课学不明白可能之后的两三节课都会受影响。这对中学生吸收知识的能力提出了一定的要求。从课程设置上来说,相比于小学,初中每节课的课时更长,并且在部分地区还需要上晚自习。学习时间的延长意味着学生需要投入更多的精力来学习,生活也都是以学习为主线进行。从对学生的学习要求来看,小学阶段的教学主要是传授性的,以了解知识为主,作业量较少且难度较低。进入初中后,学生的学习内容由直观的、感性的、零碎的知识点变成了更为完整、系统的知识体系,并更加突出能力要求。因此,这就要求学生在学习方法上做出调整。小学生的学习方式主要是眼看、手写、耳听和记忆,而到了初中,中学生要对知识充分理解,并学会用逻辑思维去分析这些知识点。此外,初中阶段对学生成绩的评判也不仅是语文、数学、英语科目,还有注重逻辑推理与实验能力的物理、化学等理科,强调知识整合与分析应用的历史、地理等文科。另外,音体美等课程也纳入综合评价,形成更全面的考核体系。就学习目的而言,小学阶段和初中阶段也存在很大差异。小学阶段的主要学习目的是帮助学生养成良好的学习习惯，为之后的学习打下知识基础；初中阶段的学习目标更多是目的导向（针对中考），学生需要通过三年的学习提高自己的应试能力，在中考中取得一个好成绩，进而顺利升入高中。小学阶段的学习主要依赖于老师的安排，学生一般只要完成写字、造句、背课文这些老师下达的简单"学习指令"就行。初中阶段则要求学生自觉主动并且有计划地学习。从小学升入初中，学生的学习态度要实现从"要我学"到"我要学"的转变。这些转变意味着孩子需要调整以往的学习方法，在学业上花费更多的时间和精力。如果在这个过程中难以适应，就很容易出现学业困难，产生更多的学业压力。

二、学业压力大

压力越来越大

学业压力长期以来都是人们关注的焦点之一。"学生的任务是学习，学习的好坏看分数"，这个观念根深蒂固。学习成绩是学校、家长和学生自己评价在校学习情况的主要指标，学业压力也就成为很多学生不得不面对的一大难题。中国青少年研究中心调查研究显示，53.4%的城镇中小学生和53.8%的农村中小学生自述，他们"最大的烦恼"是"学业压力"。

学业压力是指学生在学习活动中所承受的精神负担，这些精神负担既可能表现为各种负面情绪，如低落沮丧、容易被激怒，也可能表现为行为上的不适应，如莫名其妙地发火、手脚冰凉、脸红头疼等。也就是说，当学生长期因为学业出现情绪和行为上的不适时，我们就可以说他们承受着明显的学业压力。同时，这种压力影响也可能会从学习蔓延到生活的其他方面，比如与老师同学发生矛盾时的极端反应，像是打架、抵触、叛逆、离家出走等。

压力大的学生不一定会告诉家长他们的压力很大，那些经常抱怨压力大的学生也不一定真的在面对巨大的学业压力。我们可以通过学业压力量表来观察和评估学生的学业压力。2004年，西南师范大学陈旭编制的"中学生学习压力源问卷"将学业压力分为竞争压力、任务要求压力、挫折压力、自我发展压力和期望压力。学生在问卷中的得分越高，经历的学业压力就越大。在生活中，我们也可以通过观察孩子的行为判断评估他们的学业压力。如果孩子经常在学习时唉声叹气、考试前总是紧张失眠、看到老师就紧张，那很有可能孩子已经在承受较高的学业压力了。

对于中学生来说，他们不仅要经历青春期生理和心理上的迅速变化，还需面对学习难度提升、竞争压力增大等挑战以及人生重要的阶段性考试——中考和高考，在升学竞争中努力突破自我。这使得学业压力作为一种综合性的、慢性的、弥散性的压力源，持续地渗透在他们学业活动的各个方面。面对单调重复的学习节奏、频繁的大小考试以及激烈的成绩竞争，中学生常感到身心俱疲、焦虑不安，部分学生甚至会出现睡眠障碍、食欲不振等躯体症状，进而陷入无助与抑郁情绪之中。有数据显示，高二上学期学习成绩无显著差异的学生每天睡眠时间在 7~8 小时的只有16%，而睡眠时间在 5~6 小时的占 84%。临近升学考试时，平均每个班级有 3~5 名学生因身体原因请假，而且请假人数不断上涨。抵抗力和身体素质的下降，再加上繁重的学业压力，导致很多青少年在学习上越来越吃力。

在心理学上曾有一个经典的白鼠实验：将白鼠放进实验箱内，

不同的通道有不同的颜色（黑、白、红）和不同的图形标志（圆形、三角形）。颜色和图形标志不同，电击强度也不同。黑色标志代表激烈电击，白色标志代表无电击，红色标志代表轻微电击；圆形标志代表无电击，三角形标志代表激烈电击。科学家由此观察白鼠是否选择安全通道通过。实验目的是探究电击强度与白鼠学习速度之间的关系，结果发现当电击强度微弱时，白鼠的学习速度很慢；中等强度电击时，白鼠的学习速度很快；激烈电击时，白鼠的表现最为糟糕，除了表现出对电击的恐惧外，几乎无法集中精神学习，只会在箱子里乱窜。通过这个实验我们可以发现，适度的学业压力可以调动学生学习的积极性，提高学生的学习成绩和学习主动性，压力太大或太小都会对学生的学业表现产生不利影响。如果学业压力太小，学生可能不会在学习上投入过多的时间和精力，考试表现也很容易受到影响。如果学业压力过大，则会对青少年的身心健康会产生不良影响。对此，专业人士进行了大量的研究。结果表明，过高的学业压力会导致高血压、心血管疾病等生理问题，也往往会导致焦虑、抑郁等心理问题，严重时甚至会导致学生产生自杀倾向，对学生的学业表现、学习动机和学习投入等均会产生不良影响。

小明快被压垮了

升入初中后，小明感觉学校生活发生了很大的变化：除了要继续学习小学阶段的科目外，初中阶段又新增了物理、化学等科目。每天要上八节课，每晚都要上完晚自习才能回家。学校里、教室里处处张贴着劝学的名人名言。每天刚进入教室，小明就能看到很多同学已经在背诵书本了。

小明刚入学就进行了一场随堂测试，班主任根据测试的结果分配座位。小明考得不是很好，被安排到了靠后的位置。班主任告诫新入学的学生："这就是我们第一次随堂测验的结果，之后我们每一次都会根据大家的成绩来调整大家的座位。同学们已经步入初中，中考是大家未来要直面的重要关卡，希望大家做好准备，从初一开始打好基础，不要松懈。"

班主任是小明他们班的数学老师，刚进行完自我介绍就开始上课了。在上小学时，小明的数学成绩就不太好，升入初中后，数学更成了一大难题。要学习的内容很多又很有难度，小明第一次感觉到了手足无措，他根本听不懂老师讲的内容，但又不敢举手问老师，只能下课问同学。每天，小明都要花费一两个小时才能写完数学作业，而且总是愁眉苦脸、唉声叹气。他觉得自己根本就学不好数学，一看到数学题就头晕想吐。

下课后，小明被班主任叫到了办公室。老师说："你之前成绩挺好的，但是这几次考试考得都不行，尤其是你这个数学成绩，也太差了，是不是没有好好学习，光知道玩了，你这样是考不上好高中的。你看看人家小红，进班的时候和你成绩差不多，天天早起背书，找老师问问题，现在人家已经考到班上第一名了。你还在原地踏步，甚至还退步了，你这样的话以后怎么办呢？"从老师办公室回来，小明面对错题很多的数学试卷，突然非常生气地把试卷撕碎了，一会儿又边哭边把试卷拼起来。他感觉很痛苦，好像自己变得越来越差，连老师都不喜欢自己了。

他给自己的好朋友小兰打电话抱怨："上初中真的太难了，早晨 7 点就要起床，晚上 10 点上完晚自习才能回家，有时候写作业都要写到晚上 12 点，我每天都很困，但又睡不着觉。"

小兰也是满肚子苦水："是啊，我们现在才初一，老师就天天说要备战中考。上次我没考好，他就打电话给我爸妈，说我不努力学习。"

"那你爸妈怎么说？"

"幸好我爸妈很明事理，他们知道我每天上学已经很辛苦了，不想给我太大压力，说累了就可以休息休息。"

"那你爸妈蛮好的，我爸妈说得好听，什么不在乎成绩。但每次我成绩一退步，我爸都会觉得我没努力。他还让我看看小红，说人家不仅去了重点班，而且次次考试都拿第一，每次他这样说我压力都很大。"

"别担心啊，你成绩不是挺好的嘛。"

"那是以前的事了。现在身边的人都太优秀了，我已经不行了，感觉自己努力也比不上人家，我都不知道该怎么面对以前的同学了。我妈之前给我报了一个数学辅导班，我要是这次数学还没考好，我都不知道该怎么向她交代。"

打完电话后，小明深深地叹了一口气，忍不住还是流下了眼泪。

临近期末，小明身边的每个人都在发奋努力，想要考出个好成绩，而小明每天一学习就感觉到紧张心慌，写完作业都很困难，晚上也睡不着觉。白天上课时小明总是感觉很烦躁，见到老师就会紧张得说不出话来，看到其他同学学习他很不舒服。

随着考试日期的临近，小明越来越担心自己的考试结果，每天都板着个脸，出去玩也总是紧张兮兮的，生怕自己没考好父母会生气，但他又控制不住对父母发火。有一次妈妈帮他收拾了书桌，没想到小明一回家就生气了，"你把我的书桌弄成这样子，我还怎么学习啊，烦死了，能不能别管我啊"，说着便怒气冲冲地关上了门，吃饭时也不出来。

造成压力的种种原因

小明之所以出现这些问题，很大的可能是他在学习过程中承受了较大的学业压力。压力的产生是多方面的，我们可以从以下角度理解小明出现种种不适的原因。

升入中学后，压力源的数量和种类都有所增加，由此引发的学业压力也必然会增加。据小明自己所说，从小学升入初中后学习环境发生了很大的变化，"之前自己很快就能学会，但是现在经常学不明白"。在小明的陈述中也提到了老师对中考重要性的强调。小明需要通过这三年的学习提高自己的应试能力，在中考中取得一个好成绩，进而顺利升入高中，这是老师和小明的家长共同的心愿。小明需要调整以往的学习方法，在学业上花费更多的时间和精力。在学习数学的过程中，小明感觉到很痛苦。初中数学对他提出了更高的要求而他目前难以适应，这让小明认为"自己很笨，很差，学不好了"，又进一步增加了他的学业压力。

另外，学习生活的单一也是造成小明学业压力增加的重要原因。进入初中阶段，中考就是孩子们需要面对的最关键的一步，所有的学业任务都要围绕着中考来进行。小明的生活在很大程度上都是围绕着学习来安排的，不仅在校内要正常上课、考试，在课后乃至假期里也需要始终保持学习状态。总之，小明的生活里充斥着学习，这种无形的学业压力给小明带来了极大的心理负担，他在该放松的时候也难以真的休息下来。根据小明的自述，上了初中后，他经常晚上睡不着觉，第二天起来头脑昏沉，很难集中注意力。

学校环境中也存在着多种能够引发学业压力的线索。小明有时候上课走神看到劝学名言时会感觉自己又在浪费时间，一旦他在学习上松懈下来时就会提醒他要加倍努力、不能放松。小明的家长也是他学业压力的来源之一。小明的爸妈经常把学习挂在嘴边，小明成绩一旦下降，妈妈就会说："你这样的话怎么能考上重点高中呢？上不了好高中你就更考不上好大学，那可怎么办呀？"小明说："听到这样的话语我会更加烦躁，会感觉父母不仅没有安慰我，反而给我施加了更大的压力。"小明很希望自己的父母能够像小兰的父母一样，不要太在乎成绩，给他更多的关心和关爱。

小明的学业压力还有可能来自他很担心别人对他的负面评价。在学生时代，学生成绩是评价标准中非常重要的一部分，成绩好的同学往往能够得到老师的喜爱，在同学中通常也更受欢迎。对于小明来说，小学时期的小明一直是老师和家长心目中的榜样，从来都是被别人羡慕、被别人追赶的。那时的小明身边总是围绕着很多朋友，有什么评奖评优老师也会优先考虑到小明。但现在小明成绩不好，在班级中就是一个"小透明"，朋友不多，也不受老师重视，即使有问题也不敢找老师问。小明说："感觉自己太差了，都不好意思面对以前的老师和同学。"

激烈的同伴竞争也给小明带来了很大的压力。进入初中阶段，中考是学生需要面对的最关键的问题。为了应对中考，小明所在的学校每两周就会统一组织一次年级考试，成绩优异的同学能够获得小奖品，并被挂在红榜上展示，而成绩较差的同学则会被老师谈话。小明在最近的几次考试中屡屡失利，他怀疑自己是不是能力有问题，总是比不过别人，是不是自己不够好。这种认为自己不够优秀的心态不仅会使他们更加难以接受考试失利，还会放大原本已经存在的学业压力。

学业压力的产生也来自孩子担心不能满足父母的期望。小明的家长希望自己的孩子能够保持一个比较好的成绩，甚至为了保障小明的学习，他们会牺牲自己的娱乐放松时间辅导功课。有的家长则是给孩子报各种各样的补习班和培训班，在经济上付出了很大的成本。这些时间和金钱上的负担都会加重孩子对自己的学业期待。一旦小明没考好，他会觉得"父母的钱都白花了，对不起父母""他们肯定会对我很失望，就会不爱我了"。另外，在社会环境中也可能存在着某些信号，这些信号暗示着一旦孩子没有在学习中取胜就可能面对糟糕的境遇。例如，老师和家长常常说"你要是不好好学习，就考不上大学，要是考不上大学，你这辈子就完了"，或者说"学习就是你改变命运的唯一途径，你要是自己把握不住，那你以后早晚都要后悔"。这种言论时常出现在小明的耳边，小明很害怕他们的"预言"成真，自己真的考不上大学，没有好的出路了。以上这些因素都极大地影响了小明的自我评价，小明常常认为自己很差，没有人喜欢他，自己再怎么努力也没有用。

小明在小学阶段常常写一会儿作业就去玩，有时还边看电视边写作业，有时候晚上玩得太晚了白天还会在课堂上睡大觉，没有养成良好的学习习惯。在升入初中后，学业任务增多，学业难度增大，小明不可避免地出现了很多不适应的行为：上课有时听不懂、越来越跟不上课程进度、作业往往要写很久才能完成、考试题型稍微一变化就不知道该怎么填写了。问题逐步积累，小明面临的问题越来越多，越来越难解决，负面影响也就越来越大。

在升入初中后，部分学生还可能出现自信心不足的情况。小学时期主要是普适性教育，大部分学生都能拿到不错的分数，一般不会存在太大的差距。进入中学后，学习和考试则演变得更具有竞争性，这就导致前期过渡周期较长的学生很难快速适应中学生活，最开始的几次失败很有可能挫伤他们的自尊心，导致他们认为"自己太笨了""自己不适合学习"。小明在小学期间成绩一直不错，他也认为自己是一名好学生，但进入初中后，他的成绩大幅下降，这极大地挫伤了他的自信心。自信心一旦下降，再恢复到以往的程度是需要很多时间和努力的。如果此时还缺乏老师和家长的鼓励与支持，部分中学生很有可能选择自暴自弃，放弃努力。

三、破解学业压力之困

压力的心理机制

"压力像弹簧，你弱它就强。"我们在生活中提到的压力其实是压力源和压力反应共同构成的一种认知和行为体验的过程。在压力产生的过程中，压力源、压力感知、压力评估、压力应对这四部分尤为关键。

压力源是指任何具有威胁性的情境或刺激，是引发压力产生的条件。常见的压力源一般可以分为三类：认知压力源、环境压力源和生理压力源。认知压力源来自我们对某些事物的认知和观念，包括自我评价、社会期望、工作要求等。例如，面对考试，中学生因为害怕自己不能满足父母的期望而感受到很大的压力。环境压力源来自我们周围环境，包括家庭和社会等。例如，学习环境可能会给中学生带来压力，像是张贴在教室里的学习口号、紧张的考试氛围等，都可能让中学生感到紧迫。生理压力源来自我们的身体，包括疾病、疼痛和疲劳等。这些问题可能会使我们感到疲惫不堪，无法集中精力，从而影响我们的工作和生活。总之，压力源是多方面的，不同的压力源会对我们的身心健康产生不同的影响。

压力感知是一个主观的、相对动态的过程，是指个体在生理和心理水平上的压力感，如紧张、焦虑、不安、头疼、失眠等。对压力的感知往往需要借助生活中的种种线索。外界的提示线索越多、越直接，人们体验的压力往往就越多。

压力评估是指个体面对刺激性事件时会根据自身的认知水平和经验对刺激进行评价。心理学家拉扎勒斯将对压力的认知评价分为初评价、次评价和再评价三个阶段。初评价是指人确认刺激事件与自己是否有利害关系以及这种关系的程度。次评价是指人对自己反应行为的调节和控制，主要涉及人们能否控制刺激事件以及控制的程度，也就是一种控制判断。再评价是指人对自己的情绪和行为反应的有效性与适宜性的评价，实际上是一种反馈性行为。不同的人面对同一件事可能会有不同的反应，很可能是由于他们的认识评估存在差异。如果当事人认为经历的刺激或情境对个人确实有威胁而又缺乏有效的资源处理或应对时，就会感受到较大的压力；如果当事人认为经历的刺激或情境对个人是种乐趣而不是威胁时，则不构成压力。例如，即将到来的考试就是一种典型的心理压力源，但不同的学生对考试的反应有可能完全不一样，"学霸"和"学神"很可能对即将到来的考试习以为常，甚至感到兴奋、跃跃欲试，而那些准备不足却又非常在意考试结果的学生则有可能感到害怕、紧张，甚至想逃避。

压力应对是指个体对生活事件及因生活事件而出现的自身不平衡状态所采取的认知和行为措施。当人们意识到威胁时，会做出某些反应以应对压力。面对压力，人们的反应大体有两种：聚焦问题的应对和聚焦情绪的应对。聚焦问题的应对更多是针对可控的事件，直接去解决问题本身，比如数学成绩不好就多努力学数学；而聚焦情绪的应对则处理负面情绪，比如数学考砸了，就把卷子扔在地上、踩上两脚，以发泄心中的愤怒。当然，聚焦情绪的应对和聚焦问题的应对都可以是有效的问题解决方式，比如考试考砸了，先去打场球发泄郁闷，再找老师商量改正补救的办法。

学校的应对

学业焦虑是很常见的问题。2021 年，中共中央办公厅、国务院办公厅印发《关于进一步减轻义务教育阶段学生作业负担和校外培训负担的意见》（简称"双减政策"），要求各地区、各部门结合实际认真贯彻落实。"双减政策"是指减负和减压政策，旨在减轻学生的学业负担和学校教育压力。学校和老师可以采取以下措施来落实"双减政策"，合理化学习任务，优化学业任务安排。

1. 课程、作业减负

中学生面临着中考的压力。很多学校会把三年的课程内容集中在一年半或两年内完成，这样会给中学生很大的学业压力。学校可以重新评估课程设置，合理安排学科课程和课时，减轻学生的课程负担。学校可以适度调整教学内容和难度，确保学生能够消化吸收，避免过度的学业压力。老师可以降低学生的作业量，合理安排作业的难度和时间，确保学生有足够的时间休息和进行兴趣爱好的培养。老师还可以鼓励合作学习和探究式学习，以减轻学生的负担。

2. 评价方式改革

学校和老师应避免因为公开排名而造成学业压力。一些学校考试后会按照学习成绩的好坏对学生进行排名，甚至成绩好的学生可以获得优先挑选座位或其他特权。有些老师还对成绩下降的学生实施惩罚，比如下降几名就去操场罚跑步几圈。学校应该摒弃"唯分数论"，探索多元化的评价方式，减少对单一的考试成绩评价的过度依赖，鼓励学生综合素质的发展，在班级内引导学生形成正确的学习观、考试观，认识到学习和考试只是一种手段，不是评价人的唯一标准。

3. 丰富校园生活

学校和老师可以在校内开展多样化的兴趣课程和丰富多彩的文化娱乐活动，鼓励有特长、感兴趣的学生参与体育运动、艺术创作、社会实践等。春游、收集植物标本、参观博物馆等校外活动，不但能够让学生之间更好地团结协作，还可以促使他们将课堂知识与现实结合起来。此外，老师可以在班内设置问题收集箱，鼓励学生投递自己的问题，由老师在固定时间进行解答。

4. 加强心理健康支持

学校和老师应加强家校沟通和协作，密切关注学生的学习情况和压力来源。学校应该加大心理健康教育和咨询服务的力度，为学生提供心理咨询和支持，帮助学生调适情绪、处理学习和生活中的压力。老师可以关注学生的情绪变化，提供必要的帮助和支持。

家长的应对

1. 过渡期支持

很多中学生的学业压力可能来自从小学到中学这个学习阶段过渡期的不适应。如前文所述，进入中学后，学习任务发生了很大的变化，学习科目的显著增多、学科知识的广度与深度也均大幅提升。与此同时，人际交往模式的转变、生活节奏的加快等新挑战，也需要学生逐步适应。如果顺利度过了这一过渡期，那中学生后面的学习生活会更加顺利；而一旦在这个过程中没有及时调整好自己的状态，则很有可能出现焦虑等问题。因此，家长需敏锐察觉孩子的心理变化，主动给予情感支持与方法指导，帮助孩子顺利完成角色转换，平稳度过适应期。

在择校等问题上，家长应该主动和孩子沟通，而不是简单地直接通知孩子结果。如果和孩子的判断存在分歧时，家长要给孩子自由发言的权利，共同商量，达成共识。

家长可以提前带孩子到中学校园里参观，熟悉校园环境，提供机会让孩子与在读的中学生交流。开学前，家长应同孩子一起准备升学物品，给孩子调整饮食，让孩子适当增加运动，提前执行孩子在学校期间的作息时间。

孩子进入学校后，家长要密切关注其学习和心理状态，但也不要事无巨细地频繁询问，而是与孩子保持良好的沟通，让孩子感受到家庭的支持与信任，愿意主动分享生活点滴，知道任何事情都可以跟父母商量。除了帮助孩子尽快适应中学的学习和生活节奏外，家长还要鼓励孩子在同龄人中交朋友。必要时，家长可以适度提供交友场所或物质支持，助力孩子更好地融入集体，培养孩子健康的人际交往能力。

2. 合理期待

很多家长都有这样一种习惯：他们常常谈论别人的孩子有多么优秀，自己的孩子有哪些不足。他们不断指出孩子的不足之处，试图以此促使他们改进。然而，这种教育方式往往会加重孩子的学业压力。若想帮助孩子缓解压力，家长应当避免在日常生活中不断向孩子传递不合理的期待，减少横向比较。同时，家长可以与孩子共同探讨，结合孩子的实际情况制定合理目标与阶段性计划。在计划执行过程中，家长应及时捕捉孩子的每一点进步，给予充分的肯定与鼓励，让孩子切实感受到努力带来的成效，从而增强自信心与学习动力。

3. 帮助孩子管理情绪

在孩子成绩表现确实不佳时，家长一方面要帮助孩子调整情绪，另一方面应同孩子和老师充分沟通，了解孩子的学习现状，找到成绩下降的原因，对症下药。

家长应让孩子认识到学习是一个过程，失败和挑战是正常的。家长应引导孩子尝试改变负面的思维模式，培养积极的心态，并相信自己的能力。

家长应鼓励孩子主动分享内心感受与担忧，通过与同学、朋友、家人或老师交流，获得情感支持、理解与建议，有效释放压力。这种开放的沟通不仅能帮助孩子排解情绪，还能在交流中拓展解决问题的思路。

在压力管理方面，家长可引导孩子掌握多样化的放松技巧，如通过运动释放体能、借助呼吸练习平复心绪、利用正念舒缓身心，或者沉浸于艺术欣赏来陶冶情操。同时，培养健康的生活习惯同样重要，规律作息、均衡饮食能为身心提供坚实保障；合理规划学习任务、科学分配休息时间，有助于孩子在学习与放松间找到平衡，持续保持良好状态。

必要时，家长应鼓励孩子寻求专业心理咨询师或辅导员的帮助。

4. 帮助孩子做计划

家长应帮助孩子确定每个学习周期的具体目标，将大型任务和学习项目分解成小型的、可执行的任务，设定任务完成期限，逐步完成。这样做可以让学习过程更易管理和推进，避免任务压力过大。

家长应帮助孩子制订合理的学习计划，确定适合孩子的学习时间和地点，编制规律的学习时间表，运用时间管理技巧，如运用番茄工作法分配特定时间段进行学习，然后休息一段时间，避免将任务推迟到最后时刻。

家长应帮助孩子及时强化过程反馈和自我评估，与孩子一起定期检查和评估学习进展，并基于实际情况改进学习计划，根据进度、能力和资源对任务完成时间和顺序进行合理调整。

实用小技巧

1. 缓解焦虑——腹式呼吸法

第一，选择合适的姿势：站立时，孩子保持上半身直立，肩膀放松，双脚分开，与臀部同宽，让体重均匀分布在脚上。静坐时，孩子保持上半身直立，双腿弯曲自然下垂，使小腿与地面垂直，双手放在大腿上。仰卧时，孩子平躺在床上，上臂自然伸直。

第二，闭嘴通过鼻腔吸气（腹式呼吸）：深呼吸结束时，孩子屏住呼吸 3~10 秒，让腹部隆起维持腹肌的张力，然后张开嘴，慢慢呼气。通常，吸气与呼气的时间比为 1：2 或 1：3。闭嘴鼻腔吸气练习应选择空腹或饭后两小时做。

孩子如果在腹式呼吸时出现头晕、反酸等不适，应及时停止。

2. 时间管理

技巧一：时间四象限法。

孩子可以每天早上或前一天晚上制定一份任务清单，把需要完成的事情列出来，按照紧急性和重要性两个维度将要完成的事情分成以下四个象限。

第一象限：重要且紧急的事情。

第二象限：重要但不紧急的事情。

第三象限：不重要但紧急的事情。

第四象限：不重要且不紧急的事情。

孩子先处理第一象限的事情，也就是既重要又紧急的事情；接着处理第二象限的事情，也就是重要但不紧急的事情；再处理第三象限的事情，也就是不重要但紧急的；最后处理第四象限的事情，也就是既不重要也不紧急的事情。

技巧二：番茄工作法。

孩子可以使用番茄工作法，选择一个待完成的任务，将番茄时间设为25分钟，专注工作，中途不允许做任何与该任务无关的事，直到番茄时钟响起。之后，孩子进行短暂休息（5分钟），再开始下一个番茄时段。孩子在每四个番茄时段后进行较长时间的休息。

四、睡眠与压力

萌萌的睡觉困扰

进入初中后，萌萌感觉到学习越发吃力。萌萌的父母非常注重她的学习成绩。每天晚上，萌萌必须花几小时来完成家庭作业和额外的补习课程。萌萌的父母常常强调学业的重要性，并总是期望萌萌在考试中取得高分。

因为要应付大量的学业负担，萌萌通常都很晚才能完成作业。有时萌萌甚至需要熬夜来准备考试。长时间的学习使萌萌失去了足够的睡眠时间，每天都在昏昏欲睡。

时间长了，萌萌的注意力和学业表现都产生了负面变化。课堂上的萌萌常常感到困倦乏力，注意力难以集中，无法专心听讲，记忆力也下降了，难以记住书本上的内容。萌萌的情绪也变得不稳定，经常感到疲惫和烦躁。

萌萌的老师开始察觉到了这一情况，便找萌萌了解情况。

"我也很痛苦。"萌萌说着说着就哭了起来，"我觉得我已经够努力了，早上6点起床晚上12点睡觉，可是我还是经常写不完作业，就这样爸爸还要说我不用功。现在我已经竭尽全力去学习了，我一睡觉满脑子都是爸爸妈妈说我的样子，我不敢睡觉了，也睡不着了。"

在和家长沟通后，老师发现是家长过高的期望让萌萌深感压力。面对越来越难的课程，萌萌不得不压缩自己的睡眠时间去填补学习上的空缺。有时忍不住小憩，萌萌便会得到父母"你都学不完还好意思睡觉"的指责。

老师告诉萌萌的父母，缺少睡眠会导致注意力不集中，学习状态更差，学习成绩依旧提不上来，那孩子就会更加着急地缩短睡眠时间去学习，形成恶性循环。老师希望家长不要再施加过多的压力，应帮助萌萌调整学习安排，让萌萌有更充足的睡眠时间。萌萌的父母意识到了问题，并决定重新规划萌萌的日程安排，确保萌萌有足够的休息时间。随着睡眠质量改善、学业压力缓解，萌萌的注意力逐渐恢复，学业表现也开始有所改善。

睡不好，其他都免谈

萌萌的例子并不少见。从表面上看，繁重的学业压力挤压了孩子的睡眠时间，实则根源在于家长"望子成龙，望女成凤"的急切心理。部分家长陷入"没做完事情就睡觉是孩子不认真"的误区。殊不知以牺牲睡眠为代价换取成绩提升，不仅无法达到预期效果，反而会损害孩子身心健康，是一种短视且不可取的教育方式。

睡眠充足能使人精力充沛、思维敏捷，并触发大脑的学习灵感及创造性思维。睡眠不足则会影响大脑的发育，甚至会对情绪、记忆力产生极大的影响。

睡眠领域专家研究指出，青少年时期大脑处于快速发育阶段，需要生长激素的分泌来助力成长。生长激素的分泌主要集中于夜间睡眠时段，尤其是前半夜的非快动眼深睡眠期。若孩子在此阶段睡眠质量不佳，生长激素分泌将受到抑制，进而可能导致脑功能发育迟缓，影响认知、记忆等重要能力的发展。

后半夜的睡眠大多是快动眼睡眠期，这时候是人的记忆巩固期，大脑将白天的学习碎片进行整理、记忆强化。孩子若是保持着不健康的作息，长期处于睡眠不足的状态，就会直接影响到他的记忆功能，后续也会表现出记忆力下降、注意力缺陷的症状，学习效率也不高。

睡眠不足或睡眠质量不好会使孩子变得烦躁、情绪不稳定，同时会导致肥胖，对孩子的身心健康都极为不利。《教育部办公厅关于进一步加强中小学生睡眠管理工作的通知》中明确提出："明确学生睡眠时间要求。根据不同年龄段学生身心发展特点，小学生每天睡眠时间应达到 10 小时，初中生应达到 9 小时，高中生应达到 8 小时。学校、家庭及有关方面应共同努力，确保中小学生充足睡眠时间。"中国科学院心理研究所发布的《中国国民心理健康报告（2019—2020)》显示，青少年睡眠不足现象日趋严重。其中，小学生平均睡眠时长为 8.7 小时，初中生平均睡眠时长为 7.6 小时，高中生平均睡眠时长为 7.2 小时。总体来看，超过八成的中小学生睡眠时长未达标。睡眠不足已成为威胁儿童青少年身心健康、影响学业表现的突出社会问题。

如果家长过度在意孩子的学习成绩，而忽略了睡眠本身对学习能力的影响，反而会适得其反。家长一定要高度重视孩子的睡眠问题，避免孩子养成熬夜的不良习惯。如何睡觉成为亟待解决的问题。

给家长的建议

1. 正视孩子的压力

虽然我们一直在呼吁减负，但很多时候孩子的优秀仍是依靠成绩来衡量的。孩子在成长过程中需要探索和建立自己的身份，并发展独立的个性。当面临来自家长的期望和压力时，孩子不得不调整自己来取悦父母或追求他人对自己的认可，从而忽略了自己的兴趣和需求。学习当然是孩子最主要的任务，但是过高的期望反而会妨碍孩子的自我认同和独立性的发展，家长需要认识到这点，给孩子创造一个轻松自由的发展环境，让孩子在成长过程中获得平衡与幸福。

2. 睡不着时我们可以怎么做

人的大脑从兴奋状态到睡眠状态应该有一个过渡、缓冲的过程。在这段时间内，人们应该采取一些措施来帮助大脑逐渐放松下来，准备睡眠。

首先，人们应该避免在睡觉前进行过于激烈的活动。这些活动会让大脑兴奋，并导致身体过于疲劳，反而会影响睡眠质量。适度的体育运动可以帮助人们减轻压力，但最好在早上或下午进行。

其次，人们应该避免在睡觉前进行刺激性的活动，如玩电子游戏或看电影。这些活动会让大脑兴奋，并导致无法入睡。相反，人们选择一些放松的活动，如睡前听一些舒缓的音乐、洗个舒服的澡、喝半杯浓牛奶，可以帮助大脑缓慢放松下来。

最后，人们应该保持一个规律的作息时间表。养成良好的睡眠习惯可以帮助大脑更好地适应睡眠前的准备期，从而更容易入睡。

3. 午睡或午间休息

人类的大脑一直都是生命体中最神秘和最复杂的部分之一。它掌管了我们的意识、思维、情感、记忆和行为等方面。如果夜间睡得少，睡眠质量不高，人们还可以通过午睡来调节睡眠状态。但是，午睡的时间不宜太长，一般为10~30分钟。如果没有条件午睡，也要避免过度刺激，不妨闭目养神，帮助大脑逐渐放松下来。

4. 睡眠环境

嘈杂的环境会让人们产生烦躁的情绪，使人心烦意乱。家长需要给孩子提供一个安静的睡眠环境。一般来说，睡眠环境的声音宜控制在40分贝以下。同时，适宜的温度、干净的屋子、柔和的屋内设计都有助于孩子的睡眠。此外，营造完全黑暗的睡眠环境尤为重要，这有助于促进褪黑素大量分泌，助力孩子更快进入深度睡眠，获得更优质的休息效果。

第三章　同伴关系

一、中学生的同伴关系

社会关系泛指人与人之间的所有关系，既包括个人与个人之间的关系，也包括个人与群体、民族、国家之间的关系。一个人的社会关系可以用同心圆环来概括。这些圆环一个套一个，以"我"为中心向外拓展。离"我"最近的圆环里有家庭成员关系、朋友关系等。第二层关系环里有我们参与的小团体、圈子等。第三层关系环包括各种组织关系，比如上学的学校、上班的公司、参加的各种俱乐部等。第四层关系环是各种社会人群，比如粉丝团、打工族等。第五层关系环是民族、国家和人类。不难看出，关系环越靠近"我"这个中心，关系中的两者在情感上越会紧密依赖，关系互动也会更丰富和更具有个性化。

在不同的成长阶段，一个人的社会关系会有很大的差异。从上面的圆环模型，我们可以看出小学生和中学生在人际关系方面的不同。一般来说，学生的社会关系主要包括：第一个圆环中的亲子关系、祖孙关系和一些朋友关系。第二个圆环中的小团体关系。这些小团体很可能产生于班级或其他组织，如舞蹈班等。第三个圆环中的同学关系和师生关系以及在其他组织活动（如各种培训班）中衍生出的人际关系。仅仅归纳社会关系的种类很可能让人觉得中学生的社会关系跟小学生差不多，但我们如果仔细观察，就会发现中学生的关系行为和小学生有很大的不同。以亲子关系为例，家庭可以为孩子提供满足需要、情感纽带、获得肯定、体验平等、承担责任等功能。小学生的关系体验集中在满足需要、情感纽带和获得肯定上，中学生则希望在关系中的体验平等甚至承担责任。除了关系内涵的变化外，不同阶段关系的重心也会出现变化。相比于小学生，中学生的朋友关系、小团体关系和同学关系会变得更为丰富，在整个人际关系中占的比重也更高，他们对这些关系的在乎程度甚至超过师生关系。这里我们会集中讨论中学生和同龄人之间的关系，主要包括朋友间的友谊和不良关系中的欺凌行为。

二、友谊

跟谁交朋友

中学生交朋友的活动都有哪些呢？在我们的印象里，他们可以一起上下学、讨论作业，可以一起分享好玩的游戏。一些不会告诉其他人的小秘密，中学生往往也会选择把它告诉自己的好朋友。专家们对中学生的交友活动也进行了不少研究，结果显示，中学生与朋友相处的时间甚至可能超过与父母相处的时间。

对于中学生来说，朋友关系主要来自同学或同伴关系，既包括小学、中学阶段的同学，也包括课外活动、辅导班结交的其他同伴。对于未成年人来说，距离上的接近是交友的一个重要条件。面对面接触是未成年人建立友谊时最直接、最常用的方式，距离越近，生活轨迹的重合度越高，彼此之间越熟悉，就越能找到更多的共同话题，促进相互帮助。例如，相比于不在一个班的同学，青少年对在同一个班的同学更熟悉，学习、生活中接触比较多，也更容易建立和发展友谊。

建立和发展友谊的一个重要基础是彼此相似和欣赏。相似的人通常更容易发现共同点，拥有相似的兴趣爱好，从而更容易互相理解和支持。此外，相似的人也更可能出现在相同的社交圈中，因此更容易保持联系和交流。例如，两个都喜欢打羽毛球的孩子就很容易成为朋友。总之，由于彼此的相似或欣赏，中学生相互接触、互动。虽然有些朋友可能会因为环境的变化或个人发展的差异而逐渐疏远，但也有一些友谊能够经受住时间的考验，持续地发展下去。

友谊带来的好处

对于很多人来说，友谊是除了家庭之外唯一的、情感依赖度较高的、紧密的个人关系。这种关系给一个人提供了全方位的社会支持。良好的友谊关系既是物质支持的来源，也是信息支持的来源，更是情感支持的来源。物质支持是指客观的、实际的物质上的帮助，如金钱、物品等。信息支持是指朋友提出的建议和信息反馈。情感支持是指来自朋友的关心和陪伴。可以说，友谊关系是个体发展过程中非常关键的一种情感联系。

由于友谊能够全方位地为我们提供支持，因此友谊对一个人的身心健康发展具有极大的促进作用。对于未成年人来说也是如此。美国的一项研究显示，童年时期的友谊关系越多、越稳定，成年后的身体就越健康。研究发现，在群体中有更多朋友的儿童，被他人欺负的程度会更低。具体到青少年生活中，同伴关系可以有效缓解青少年初入中学面对生活环境转变时的不适情绪。在有压力的时候，和朋友在一起可以为青少年提供一个开放、支持和有益的空间，有助于减轻青春期带来的情绪动荡。研究显示，与独自或与成年人在一起的青少年相比，在压力事件发生后立即与朋友在一起的青少年的悲伤、嫉妒和担忧水平较低，快乐水平较高。此外，在青少年时期有亲密友谊的青少年心理健康水平更高。友谊建立后，孩子可以和朋友交流生活与学习方面的许多事情，分享有趣的书籍、玩具以及信息等，还可以从成绩优秀的朋友那里了解到更科学的学习方法。在父母不在身边时，青少年还可以与朋友们相伴参加一些有趣的校外实践活动。当孩子考试失利时，好朋友不仅仅会陪伴周围进行安慰，还可以把自己学习考试的经验和技巧进行分享，甚至直接分享自己的学习笔记和资料。这些都是一段高质量的友谊，可以给孩子提供帮助与支持。

总体来说，通过与好朋友交往，青少年感觉到快乐和被接纳，朋友对自己的肯定也能提高他们的自我评价。

交朋友的烦恼

青少年交朋友也会有不少烦恼。其中最常见的是觉得被朋友忽略和冷落。

青少年非常看重朋友间的相似和一致，他们希望自己与朋友对待很多事情都持同样的观念和做法，如果感觉对方跟自己存在太多的差异，就可能感到失望，从而减少交流、拉开距离。当然也可能中学生的社交技能不足，难以消除误解、维护友谊，导致彼此疏远。

当青少年认为自己被朋友冷落时，很容易产生消极负面的情绪，甚至自我怀疑，认为自己是不是不值得别人喜欢。不管出于何种原因，如果没有得到及时的解决，友谊中的忽略和冷漠很可能导致孩子对这段友谊关系心灰意冷，关系破裂。

友谊中的冲突是在所难免的，成年人在友谊中都会出现矛盾和分歧，青少年更是如此。青少年的朋友间的矛盾和冲突既可能源自沟通不畅产生的误解，也可能是因为两人的认识上的差异，如价值观不同，对某些事情的期望不同，如果双方不能尊重和理解对方的观点，就可能出现矛盾和冲突。朋友之间的矛盾也可能因为不能遵守规则进而损害彼此间的信任，比如不能保守秘密，将一方的隐私告诉其他人。

小红的交友烦恼

小红今年考上了当地最好的初中。马上就要开学了，小红却开心不起来。她的小学同学都去了另外一所中学，没有一个人能够出来陪她玩。小红给自己的好朋友小米打电话，想邀请她一起逛街，但是小米说："我马上要开学了，不想出去玩了。"小红心里有些失望，但还是问小米下次什么时候有机会一起玩。小米有些不耐烦地说："我们以后不在一个学校里，可能很少能够再见到面了，而且我现在已经交到新朋友了。"小红有点不知所措，心想是自己惹小米不高兴了吗。小红很害怕自己上了初中后会和这些老朋友失去联系，也很害怕自己在新学校交不到好朋友。

小亮是小红的邻居，他们从小一起长大，也即将进入同一所初中。对于即将到来的初中生活，小亮显得很积极。这个假期小亮一直在和自己小学的好朋友一起玩游戏、打篮球。他们约定好每个月大家都有空的时候，一定要一起进行一场篮球赛。小亮还计划邀请自己初中的朋友来一起参加。

开学后，小红发现班上的同学都是从各个学校挑选来的尖子生，大家都非常优秀，还非常努力，她生怕在接下来的开学考试中落后。小红变得非常忙碌，根本就没有时间交朋友。她感到十分孤单寂寞。小亮也是如此，每天也在忙着写作业，但他有时放学后会和现在的好朋友一起去打会篮球放松一下，有时也会给以前的老同学发信息吐槽作业太多。因为有朋友的陪伴，小亮的生活看起来更加生动有趣。

小红感到非常痛苦，她问小亮："为什么你还可以和小学时的朋友一起玩，我小学时的朋友都不和我玩了。"

小亮回答道："我跟小学同学也不常联系。大家在不同的学校，交流少很正常，但放假的时候我们还会约在一起玩，我觉得我和他们还是好朋友。"

开学一段时间后，小红终于交到了好朋友小花。小花是一个特别好相处的女孩子，她们经常一起吃饭，一起上下课，一起回家。和小花做朋友后小红开心了很多。但让小红有所困扰的是，小花对谁都很友好，和很多人都是好朋友。每当小花和别人玩得很开心时，小红总是很失落，觉得在小花心里自己根本没那么重要，自己不是小花最好的朋友。

小红的妈妈知道小红和小花是好朋友后，一直强调小花的学习成绩不好，怕小红和她交朋友耽误学习。小红的妈妈还一直夸奖小成的学习成绩好，人也非常听话，她想让小红和小成做朋友，这样小成就可以在学习上多多帮助小红，提高小红的学习成绩。小亮和小成也是好朋友，他们经常一起打篮球，之前小亮的妈妈还邀请小成来家里吃饭。小成刚转学来时，第一次考试就考了班级第一名，之后更是每次考试都名列前茅，但小成平时不怎么爱说话，也没有什么朋友跟他玩。小红感觉自己第一的位置被抢了，对小成有点不满，也不知道除了学习外，他们还有什么好聊的。

一天放学后，小红和小花一起回家，小红随口说了一句："我一点也不喜欢数学老师，她每次布置的作业太多，还老是批评别人没考好。"没想到小花对此意见很不一样："但数学老师人很好啊，有时候我课下问她题，她都会很认真地给我讲解，非常有耐心。"小红和小花的语气逐渐激烈起来，她们都很生气。"你到底还是不是我的朋友啊，为什么老是和我对着干？""你要再这样说的话，我们就别做朋友了。"两人不欢而散。

小红回到家后，情绪低落，她觉得朋友问题也太难处理了。自己好不容易交到了小花这一个朋友，要是她真的生气了，以后不和自己玩了怎么办？那自己岂不是连一个朋友都没有了。小红的妈妈本来就不想小红和小花一起玩，这下岂不是正好满意了？小红越想越烦。

给家长的建议

进入初中后，小红总是感觉到很孤单，缺少朋友，而小亮却经常和朋友们相约一起玩耍。为什么两人的境况如此不同？

升入初中，小红和小亮都面临着新的环境，对他们来说，结交新朋友能够帮助他们更快地适应初中的环境，收获更多的快乐。据小亮说，他交的新朋友有一些原本就是从这个学校的小学部升到中学部的，对校园环境十分熟悉，他们带着小亮在校园里骑车，让小亮很快就熟悉了新的校园。

小红升入初中后，学习占据了她大部分时间，她常感觉自己既没有时间也没有精力和别人交朋友。再加上小红从小因为父母工作的原因经常搬家，往往是刚搬到一个地方结交了几个朋友没多久就要离开，她对交朋友没有信心。小花的出现让小红的适应向好的方向转变。她们一起写作业，一起上下学，有了小花的陪伴，小红感觉自己开心多了，觉得初中生活也没有那么可怕了。

有了新朋友就一定会和老朋友疏远吗？对此小红和小亮有着不同的态度。小红上了初中就失去了小学的朋友小米，小亮却和过去的朋友尽量保持联系；小亮主动介绍小花和小红成为朋友，小红却因为小花有了新朋友而感到失落。

关于中学生交朋友，父母可以做些什么呢？

1. 不要武断地替孩子选朋友

生活中很多家长都认为好朋友对孩子的成长来说是非常关键的，因此常常会要求甚至强迫孩子与成绩好、听话、老实的"好孩子"做朋友。而对那些表现不好的孩子，很多家长都不愿意让自己的孩子与他们有过多的接触，生怕自己的孩子会被他们影响，染上所谓的恶习。家长的这一担心可以说情有可原。青少年确实很容易受到朋友的影响，他们可能会模仿朋友的行为。但家长不能断然限制孩子的朋友关系，因为青少年大都将交朋友看成自己的"私事"，对别人批评自己的朋友很敏感，父母的武断干涉很可能会让青少年觉得父母在侵犯他们的自主空间，说不定还会引发逆反心理，故意结交父母不认可的朋友。

2. 引导孩子走出第一步

首先，父母应该对孩子发展友谊持积极的态度，对他们交朋友的事表示支持，引导孩子走出交友的第一步。许多孩子不是交不到朋友，父母要做的不是骂孩子"没出息""胆小鬼"，而是引导孩子迈出这艰难的第一步，比如给孩子一个小任务，让孩子和同学分享自己的东西，或者做一个牵线人，带孩子到邻居、亲友、同事家做客。等孩子完成这样的小任务后，家长应及时予以鼓励："靠自己交到了朋友，你真的很不错。"父母也可以以自身为例，向孩子展示自己与朋友交往的过程，帮助孩子学习更多与朋友相处的技巧。

3. 提供必要的物质和环境支持

父母可以为孩子提供增加交流的机会和场所，帮助孩子建立友谊。例如，父母可以组织孩子参加一些社交活动、聚会，或者加入一些兴趣小组，并与不同年龄、背景和文化的人建立联系，让孩子有机会结识新朋友。如果条件允许，父母可以在家中为孩子设立一个既可以学习又可以跟朋友交流的独立空间，比如在孩子的房间里放两三把椅子，同学或朋友来了，孩子可以在自己的房间接待，父母可以选择性回避或短暂离开，给孩子自由交流的时间和空间。当孩子和朋友们在自己的房间交流玩耍时，父母不要借着送水果等名义打断孩子们的互动。当孩子计划和朋友一起外出活动时，父母可以主动提供一些外出游玩的建议，并给孩子准备好相应的物品等。等孩子回来后，父母可以鼓励孩子分享自己的感受。

除了物质上的支持外，父母还可以为孩子提供信息支持。父母可以积极与孩子讨论理想中友谊的样子，引导孩子主动思考友谊中最关键的因素以及维持友谊的方法，帮助孩子合理化对友谊的预期，让孩子明白友情并不意味着朋友时时刻刻都陪在自己身边，朋友只要能在需要时提供帮助，那就是很好的朋友。父母应特别注意不要武断地评价孩子的朋友，不要因为孩子的朋友成绩差或者家庭条件一般就不让孩子与之交往，而应看到朋友们身上各自不同的好品质。

4. 培养孩子的社交能力

在团队合作中，孩子可以学会与他人协作、分工合作，促进友谊的建立。家长可以鼓励孩子们分享彼此的想法、需求和感受，教导他们倾听对方的意见，尊重彼此的观点，并寻求共识。家长还可以鼓励孩子与朋友共同确立并追求一个具体的目标，比如共同的兴趣爱好、学习计划等，再通过合作达成目标。

语言交流能力差是交友困难的一大原因，别人不能理解自己的意思，慢慢地孩子就变得不愿意说话了。对语言交流能力差的孩子，家长平时要和孩子多交流，提高他们的语言表达能力。家长可以通过与孩子进行日常对话、倾听孩子的意见和感受，鼓励孩子表达自己的想法和情感，向孩子示范合理的表达方式。家长应鼓励孩子参与家庭讨论、分享自己的观点，并且尊重孩子的意见。家长应教导孩子学会倾听别人说话，理解话语中的意思，尊重他人的意见，不打断对方的发言。家长还可以通过角色扮演、故事讲解等方式，训练孩子一些沟通技巧。

5. 几个具体的处理办法

第一，当孩子被朋友忽略时。

对于家长来说，当孩子被冷落了，家长一定不要过于紧张或焦虑。首先，家长要照顾好孩子的情绪，可以给孩子一个拥抱，带孩子看一场他喜欢的电影，或者带孩子出去玩，帮助孩子平复被忽略带来的伤痛。

其次，家长需要以一种理性的、非指责性的方式帮助孩子分析情况，提一些诸如"你们之前发生了什么，他有什么反应""你为什么不愿和他们玩，他们为什么不理你"之类的问题帮助孩子反思是什么原因导致了被朋友冷落。

如果是孩子自身的问题，比如难以控制自己的愤怒情绪，在一时的暴怒之下说出一些伤人的话，或者说出一些无法挽回、伤害友情的话，那家长就需要帮助孩子进行情绪调节训练，帮助孩子控制好自己的情绪。例如，家长可以教给孩子在生气时先做几个深呼吸或数到十再说话。

如果孩子缺乏信心，家长要帮助孩子提高自信心。家长可以寻找一些孩子擅长的课外活动，鼓励孩子参加一些能让他遇到潜在朋友的活动，让其在校外也能交到新朋友。家长还可以教孩子一些积极聆听、开启话题、换位思考等社交技巧。

如果是客观原因，如活动空间不足或共同活动互动较少，家长可以为孩子创设更加开阔的交流空间。

第二，当孩子跟朋友闹矛盾时。

冲突是青少年在交友过程中不可避免的内容，但对于很多孩子来说，处理这些冲突很可能是一个挑战。家长可以帮助孩子学习处理友谊中的冲突，帮助孩子在交往中建立健康、积极的关系。

孩子们在玩耍过程中因意见不合、想法不一产生争执时，很有可能出现冲突。如果家长毫无差别地介入孩子们的每一个冲突中去，其实并不是一个明智的举动。这不仅可能让孩子变得有恃无恐，也可能让孩子变得胆小懦弱，只想着躲在家长背后。有时，家长的不当介入，还将青少年间的冲突上升到双方家长层面。因此，家长首先要辨明冲突的程度，如果不存在危险因素，家长在原则上不干涉，应该留给孩子更多自由解决问题的空间，让孩子们自己想办法解决问题。即便是孩子告状，父母判断问题并不严重后，可以告诉孩子："你们自己想办法解决吧，想一想，怎样做能化干戈为玉帛？"

家长不能看到孩子有矛盾就粗暴地发火，而是需要帮助孩子理解冲突的来源。家长可以向孩子讲述自己曾经处理过的冲突，告诉孩子自己是如何解决问题和学会相互尊重的。家长可以引导孩子回到矛盾发生的时刻，帮助孩子回忆具体是什么原因引发了矛盾的产生以及如果想要解决矛盾应该从哪些方面入手。家长可以通过询问孩子"你们一起做什么事情最开心""你们都喜欢做什么事情"等，帮助孩子回忆过去友谊中存在的美好，防止孩子因为一时的争执引发更大的争吵。之后家长可以再询问"你们那天是因为什么表现出不愉快的""你觉得主要的原因是什么呢"。家长通过引导孩子对当时矛盾情境的不断回顾引导孩子自己发现产生争执的原因。

在发生冲突时，家长要保持冷静的态度，不要由此而断绝孩子间的往来，要采取劝解的办法加以疏导。家长需要扮演的是一个"公平的裁判"的角色，不要偏袒任何一方，切忌将一切原因都归咎于自己的孩子或他人的孩子，要耐心倾听双方的解释，而不要对任何一方做出对或错的判断。家长可以等孩子说完再传达自己的想法："如果是我的话，虽然事情已经发展成这种地步，但是我会采取×××的措施来解决。"

家长要知道，提高孩子的社交能力不是能在短时间内完成的，需要家长和孩子的长期努力。在孩子的社交过程中，家长应给孩子足够的空间和时间，让其慢慢适应。友谊的建立和维护是一个长期且复杂的过程，其中难免会有不尽如人意之处。当孩子因为友情关系感到伤心难过时，父母一定要给予孩子充分的理解和支持。

三、校园欺凌

校园欺凌状况

2023 年 3 月 6 日，有人在网上发布了一条关于某中学校园欺凌的视频。视频中，四名女孩在厕所将一名女孩堵在角落，对其拳打脚踢。施暴者一边扇受害女孩耳光一边对受害女孩进行语言威胁："叫你坐后头去你为啥不坐？你告诉你哥就还会被打……要不要跟你妈说？说了怎么办？还会挨打！"短短几分钟的视频里，受害女孩一共被扇了 89 个耳光，整张脸又红又肿。几名霸凌者中有人声称自己的手打人打肿了，逼迫受害女孩向自己道歉。接着，她们强迫受害女孩吸烟，受害女孩如果不吸烟就会接着挨打，甚至还有人直接拿起一旁的垃圾桶扣在受害女孩头上……

2020 年 10 月第二次修订出台的《中华人民共和国未成年人保护法》是这样界定学生欺凌的，即发生在学生之间，一方蓄意或者恶意通过肢体、语言及网络等手段实施欺压、侮辱，造成另一方人身伤害、财产损失或者精神损害的行为。2021 年 9 月 1 日起施行的《未成年人学校保护规定》对何为校园欺凌做了进一步规定：学生之间，在年龄、身体或者人数等方面占优势的一方蓄意或者恶意对另一方实施殴打、脚踢、掌掴、抓咬、推撞、拉扯等侵犯他人身体或者恐吓威胁他人；以辱骂、讥讽、嘲弄、挖苦、起侮辱性绰号等方式侵犯他人人格尊严；抢夺、强拿硬要或者故意毁坏他人财物；恶意排斥、孤立他人，影响他人参加学校活动或者社会交往；通过网络或者其他信息传播方式捏造事实诽谤他人、散布谣言或者错误信息诋毁他人、恶意传播他人隐私等，都可以认定为构成欺凌。

在全球范围内，校园欺凌现象十分普遍。联合国教科文组织公布的相关数据显示：全球学生中，平均每三名学生便有一名学生遭遇过校园欺凌。有32%的学生近一个月内被校园欺凌至少一次。但各国家和地区也呈现出明显差异。撒哈拉以南非洲（48.2%）、北非（42.7%）和中东（41.1%）的学生被欺负的比例最高，欧洲（25%）、加勒比（25%）和中美洲（22.8%）的学生被欺负的比例最低。基于此，联合国将每年11月第一个星期四设立为"反对校园暴力和欺凌包括网络欺凌国际日"，并在2020年首次启动。

在我国，校园欺凌形势也同样严峻。2019—2020年，华中师范大学教育治理现代化课题组在山东、广东、湖南、湖北、广西、四川等六省（自治区）进行实地调研。

校园欺凌是一种复杂的校园暴力行为，其最关键的特点是参与者身体力量和社交地位的不平等。欺凌者是指在校园内外实施欺凌行为的一方，包括主要欺凌者和欺凌协助者或支持者。主要欺凌者是指欺凌事件的"主犯"，即在欺凌事件中起主要作用或组织、领导作用的人。欺凌协助者或支持者并非欺凌行为的发起人，但在欺凌开始后加入或协助欺凌。受欺凌者是指校园欺凌事件中的受害者，是校园欺凌行为中处于弱势的一方。旁观者是指目睹或听闻了校园欺凌事件的发生，在校园欺凌事件中处于旁观地位的人。欺凌者、被欺凌者、旁观者的角色随时可能发生相互转变。欺凌者与被欺凌者可能具有双重身份：某一事件的欺凌者可能在另一事件中成为弱势的一方而遭受欺凌，从而变成被欺凌者；被欺凌者可能将自己所受的欺凌发泄在其他弱势方，实施欺凌，从而成为欺凌者。旁观者受欺凌行为影响，可能加入欺凌，成为欺凌者；也可能受欺凌行为恶化的影响，被波及卷入欺凌事件，成为被欺凌者。

隐蔽性和伤害性

校园欺凌事件中有一个非常普遍的现象：大多数孩子，不管是被欺凌者还是旁观者，他们都会对此闭口不谈。数据显示，遭受欺凌后选择"藏在心里"的学生的比例为 45.2%，而选择"跟父母说"的比例仅为 11.7%，选择"和老师说"的比例仅为 14.3%。

为什么受欺凌者宁愿忍受肉体和心灵的多重折磨，也仍旧不会将欺凌之事告诉大人寻求帮助呢？主要有以下几个方面的原因：第一，孩子受到欺凌者的威胁，害怕告诉老师或家长后被打击报复。很多欺凌者会威胁被欺凌者"告诉别人，我就打死你""告诉别人，我就杀了你全家"。孩子担心受到更严重的欺凌或报复，于是选择保密。第二，孩子害怕被老师或家长责备，因此不敢向老师和家长求助。父母对孩子受欺负的反应往往有很大的差异，有的可能会说"你也太没用了，不知道打回去吗"，或者"一个巴掌拍不响，人家怎么就欺负你？你自己也有问题"。孩子的求助不仅没有得到解决，反而进一步造成了二次伤害，加重了孩子的羞耻心，认为都是自己的错，之后哪怕再被欺凌，孩子也会选择独自承受，不和老师或家长说。第三，孩子怕告诉家长或老师后被其他同学认为是打小报告，被孤立。尤其是当孩子告诉了家长或老师，老师或家长又不能有效阻止欺凌事件的发生，比如只是对欺凌者进行简单的劝导，反而使受害者的境况更加危险。

由于受害者不常主动披露自己受到了伤害，因此家长应该留意孩子的各种变化。如果出现以下状况，家长就应该求证孩子是否在学校遭受了欺凌：第一，孩子身上出现不明原因的伤痕，比如淤青、抓痕或扭伤等，尤其是孩子一直只穿长袖衣服，很有可能是想要掩饰伤痕。第二，孩子出现头疼、失眠、食欲不振、胃痛、经常做噩梦等症状。第三，孩子的物品，如课本、书包、电子设备经常丢失或损坏。第四，孩子携带棍子、刀具等保护用具去学校。第五，孩子突然间失去朋友或不去社交场合，变得退缩内向。第六，孩子突然抗拒学习，经常找各种理由不去上学，甚至逃学。第七，孩子出现伤心、沮丧、情绪低落，害怕别人的触碰，甚至出现抑郁、焦虑等心理症状。

校园欺凌造成的伤害很大。基于 25 个国家的 11 万名青少年调查发现，青少年遭受欺凌与较差的社会适应能力呈显著的相关关系。

对于受害者来说，其常年被欺凌的问题无法得到解决，会显著增加患生理疾病，如感冒、头疼、睡眠问题等躯体症状的可能性，也会增加他们出现抑郁、焦虑和自杀倾向的风险。超过一半的受欺凌者曾出现创伤后应激障碍。被欺凌的经历可能导致他们产生"习得性无助"，认为自己无力改变现状，从而变得绝望、消沉。个体持续被欺凌，被他人称为废物、垃圾，却没有得到他人的帮助时，会极大地降低自尊和自我价值感，难以维持正常的人际关系。

欺凌者往往散播谣言、利用人际关系、煽动他人恶意对待、进行肢体或言语攻击，将受欺凌者排除在某个团体之外。受欺凌者在学校里受到排挤，人际交往存在障碍，造成人际疏远。

遭受欺凌的中小学生会对曾经受到伤害的地点和场所产生恐惧，他们情绪紧张，上课不能集中注意力，常常不能正常参与学校活动。为避免再次受到伤害，他们可能故意远离学校的某些场所，甚至旷课、逃学或干脆辍学。这些都严重影响受害者的学业发展。

校园欺凌行为不仅对受欺凌者存在很大的负面影响，对欺凌者和旁观者也会产生很大的副作用。

有研究显示，青少年早期的欺凌行为能够预测后继的犯罪行为。很多登记在册的犯罪者都有校园欺凌的前科，其中 55% 的校园欺凌者有过至少一次犯罪经历，多达 36% 的校园欺凌者有过至少三次犯罪经历。欺凌行为也会增加个体吸烟、酗酒以及其他暴力行为。分析表明，进行校园欺凌的个体日后药物滥用的风险是其他人的两倍。欺凌者不良的个性特点会妨碍他们与其他学生的正常社会交往，导致他们在同伴群体中受到排斥，从而造成同伴关系十分糟糕。正常学生的排斥与拒绝又会使欺凌者集合在一起结成不良同伴团伙，进一步增加其反社会行为发生的可能性。

校园欺凌对旁观者的影响也不可小觑。有学者通过问卷调查发现，85%~88% 的学校欺凌事件发生时都有同伴在场，但是只有 11% 的在场者向受害者施以援手。旁观者是校园欺凌中最常见的角色，所占比重最大、人数也最多，但处于消极状态。旁观者虽然没有直接参与到校园欺凌事件中，但也会受到其负面影响。有研究表明，与没经历过欺凌的学生相比，作为旁观者经历过欺凌的学生更可能在同伴和家庭成员的关系上出现问题。

欺凌事件发生后，如果学校、社会和家庭缺乏有效措施制止欺凌的再次发生，其他学生观察到欺凌行为能带来支配感、控制等，并观察到欺凌的代价很小，也可能采用暴力方式来解决问题，进一步增加校园欺凌发生的可能性。

校园欺凌的应对——当事人怎么说

1. 小 K，男，初二，常年被班内同学欺负

当谈到被欺负时，小 K 这样说："我经常被班上的一两个人欺负，一碰到他们，他们就打我，一次打很长时间。现在我都已经习惯了，对疼痛没什么感觉了。要么他们就在背后骂我，反正就是挺难听的。我也没有想过报复。他们骂我一次，我睡一觉就没事了。如果我真和他们打的话其实也可能打得赢，但是我不想打。他们打我是他们的错，我打了就是我的错了。我就认怂啊，也没啥不甘心的，是我自己愿意认输。"

当提到被欺负的原因时，小 K 表示："我成绩不好，英语就没有及过格，被欺负也很正常。我知道全班的同学都看不起我，觉得我多余，又拉了班级的后腿。他们不理我，看到我的时候又感觉很鄙视，我觉得我确实比他们低一个等级。"

当提到老师和其他同学的反应时，小 K 这样说："其他同学也不管，就在旁边看戏。我不想强迫他们。我知道大家都习惯了，没人会管我的事。估计老师也不知道这些事吧，因为一般没人会和老师说，还有我觉得老师可能也不想管我。我们班每个人的人缘都比我好，他们也可能觉得我活该吧。这样我就更不知道该怎么办了。"

2. 小 C，女，初二，既是被欺凌者也是欺凌者

当提到被欺负的原因时，小 C 这样说："我成绩中等嘛，总是会被成绩特别好的那些班干部欺负，老师喜欢他们，看不起我。在我们班上人缘不好的话只能被欺负。"

当提到欺负别人的原因时，小 C 这样说："要是一个人气场太弱了就容易被欺负。有些人就是仗着自己有实力，觉得自己很了

不起，就想要去欺负别人。"

3. 小 A，初三，女，小学被欺凌，初中成为欺凌者

当提到欺负别人的原因时，小 A 这样说："如果别人惹我到了极限，我是会欺负回去的。我现在这个样子，我妈他们又不会打我，学校外面也没哪个敢欺负我了，也还挺好的。"

当提到对欺凌的看法时，小 A 这样说："欺凌就是同学之间发生口角，有些时候要打起来。别人要是没惹她，她还打别人，那就是欺负了。万一被欺负之人的哥哥的实力比欺负他的人更大，这个人可能会被欺负回来。"

小 K 和小 C 都被人欺负，但他们对欺负的看法却很不一样。小 K 被全班同学孤立，长期被欺负，他通过把问题的原因归结为自己的缺点来使欺负事件合理化。小 C 是典型的欺负——被欺负者，在她的眼里，自己被欺负只是因为在欺负链上处于较低的位置，她的看法和欺负者小 A 很相似，是否被欺负取决于实力。而欺负者也会通过各种方法合理化自己的欺负行为，比如"别人突破了自己的底线，因此应该受到惩罚。"

从这三个案例中不难看出环境在欺负事件中的作用，整个班级氛围也在其中发挥了非常重要的作用。旁观者的袖手旁观、老师和家长的处理无力，都是助长欺凌发生的因素。

给家长的建议

1. 良好的日常家庭教育

预防校园欺凌需要加强日常家庭教育。家长应摒弃暴力，采用民主和宽容的家庭教养方式，让孩子不退缩、不怯懦，敢于让孩子表达在学校里遇到的问题。父母可以教育孩子尊重他人、关心他人、理解他人以及如何正确地处理人际关系。同时，家长也

要关注孩子的心理健康，及时发现和解决孩子的心理问题。

家长应与孩子建立良好的沟通和信任关系，确保孩子能够坦诚地与他们分享问题。家长应密切关注孩子的行为和情绪变化，比如突然变得内向、焦虑、抑郁等，这可能是遭受欺凌的迹象。家长要多关注细节，了解孩子内心的变化。

家长应引导孩子形成面对校园欺凌的正确的态度。首先，孩子要尊重他人，富有同情心，不做欺凌者，不欺负别人。如果被欺负，孩子要坚持"零容忍"，及时将自己受欺凌和他人受欺凌以及他人的欺凌行为报告给家长、教师或学校相关保卫人员等。

家长可以教导孩子一些判断欺凌和应对欺凌的技巧，普及自我保护和安全防范的知识，比如保持冷静、避免回应、尽量与朋友一起行动等。

2. 如果孩子被欺凌

家长一旦发现孩子有被欺凌的迹象，应及时与教师进行沟通，了解情况，尽早发现问题并予以制止。

家长首先要保持冷静，这不仅能让自己更加客观地分析和解决问题，也可以在孩子面前树立榜样。冷静之后，家长应该先了解情况，细心听孩子讲述发生了什么，包括欺凌的时间、地点、对象、方式等。

如果孩子情绪太激动或太低落，家长应先安抚好孩子。如果孩子太痛苦不愿说，家长就不要逼问孩子，而是想办法从其他途径了解情况。家长尤其要避免"受害者有罪论"，应告诉孩子被欺负不是他的错，而且家长、老师都是可信赖的求助对象。

有些欺凌事件除了对孩子造成情感损伤外，还会对他们的身体造成损伤，家长要及时评估孩子受到的伤害。如果孩子受到了身体伤害，家长要及时询问孩子的状况，立即采取措施保护孩子，或者及时就医。如果欺凌事件对孩子造成的心理伤害很大时，家长除了及时制止外，还可以短暂地让孩子离开不安全的环境，帮助孩子稳定情绪。在孩子受到欺凌后家长应给予孩子更多陪伴和关心，必要时可以寻求心理咨询师的帮助。

孩子遭受校园欺凌时，家长应该及时与学校沟通，询问事实和处理进展，仔细询问孩子是否仍在持续受到欺凌，让学校了解到情况并采取相应的措施。

在确定孩子生理心理都没有受到恶劣影响的情况下，家长可以询问孩子的想法，了解其是否愿意自己解决，尊重孩子正确的诉求，给予孩子支持，帮助孩子解决问题。

当欺凌事件情况极其严重时，学校、家长都应该报警。

第四章　网络使用

一、网络为什么会让青少年着迷

青少年具有强烈的好奇心和求知欲，他们对周围的事物和自然世界充满了好奇与探索的欲望。信息技术的发展使人们对信息的获取不断突破时空的限制，"只要网在手，天下我皆知"。通过网络，人们足不出户就可以与社会接触，拓展自己的交友圈。宽广而丰富的网络世界也最大限度地满足了青少年的好奇心和求知欲。人们只需动动手点点应用程序，关于世界的大事小事都能悉知，再也不会局限在家庭和学校这样的"小世界"里了。青少年跨入青春期，已经开始出现性萌动。网络眼花缭乱的信息也能够满足青少年对"禁令"的好奇心，比如关于异性交往、恋爱、性。

互联网为青少年提供了一个开放的、可以尽情表达的丰富多彩的空间。网络没有家长和老师无时无刻无处不在的注视和审查。大家谁也不知道网络的另一端是谁，青少年在网络上可以说他们想说的话，他们能够拥有表达自我和展示自我的掌控权。

青少年甚至可以在网络上塑造完美的"理想自我"。在现实人际环境中，青少年的自我表达会受到父母和老师的限制，青少年需要扮演长辈眼中的"乖孩子"。网络则具有一定的匿名性和平等性，青少年可以身处其中"畅所欲言"。有研究表明，在网络中的自我表露有助于满足青少年自主、能力、关系这三大基本心理需求，青少年因此会更容易体验到持续、整合的幸福感。

网络满足了青少年人际交往的需求。有研究发现，互联网的使用可以降低人们的孤独感和抑郁情绪。其中一个重要原因便是互联网给人们提供了获取社会支持的新途径。对于青少年来说，网络也是人际活动的重要平台。青少年可以在网络上寻找到属于自己的"小团体"，无论是兴趣团体还是粉丝圈子，都能给青少年带来归属感。与此同时，网络还是现实中友情的一个延续。青少年喜欢同自己现实生活中的朋友分享生活，只要有网络，即便不在彼此身边，也能随时同朋友进行倾诉或分享。

在各类网络活动中，游戏对青少年的吸引尤为突出。首先是游戏本身。从早期的红白机发展到今天的掌机、手机、电脑，游戏的硬件方面运行得越来越好，游戏画面越来越精良、越来越酷炫。一款游戏的诞生，离不开游戏设计者的精心策划、巧妙地迎合了用户的心理特点，从而设计了很多令人眼花缭乱和精妙动人的环节来吸引用户。例如，通过某个关卡后游戏赠送的稀有礼品，完成一定挑战之后获得的成就徽章……这些都是游戏给予玩家的激励。别说是孩子，就连成年人也不一定能抗拒诱惑。

处于青春期的孩子相比于成年人缺少了一些理智控制和逻辑思维，更容易受情绪支配，什么高兴就接触什么。玩游戏能够让他们获得快乐，释放学业压力。青少年通过不同的游戏得到不同的体验，而这些体验有很多是现实生活中无法得到的，比如在虚拟世界中获得的自由感、主宰感与掌控感等。另外，孩子喜欢玩手机可能还与家长的不合理处理有关。有些家长忙于自身的工作，在疲于"应付"孩子的时候，就会把手机拿给孩子，让孩子自己玩。等到孩子沉迷游戏，相比于现实中与爸爸妈妈的亲子活动更愿意选择玩游戏的时候，家长又会开始责备孩子喜欢玩游戏，没有自控力。

二、网络不是洪水猛兽

首先，网络是当今青少年不可能回避的一个活动领域，因为网络充斥着我们生活的方方面面，已成为现代生活不可或缺的部分。我们的衣食住行等日常生活都充满了网络的身影。用手机打车、买东西用手机支付、出门旅行用手机地图导航、学生使用网络上网课、上班族利用网络召开会议等，都离不开网络的连接。遇到问题时，我们也习惯打开搜索引擎寻找解决办法。网络这个庞大的数据库让我们可以轻松获取各个领域的知识，我们可以更便捷且高效地获得我们需要的信息。可见，使用网络是当今人类的基本活动，是一门基本的生存技能。青少年不但应该掌握这门基本技能，更需要学会如何有效利用网络，并在掌握这些技能的过程中发展其他的个人能力。

对于青少年来说，互联网打破了时间和空间的限制，改变了传统学习知识的获取渠道和方式，使得学生和老师可以随时随地访问丰富的教育资源。例如，教育部门和各大高校在网上发布了大量在线课程、教学视频以及其他学习资料。优质教育资源得到了更广泛的传播的同时，偏远地区的学生可以利用网络获取与城市的学生同样优质的教育资源，减少了地区之间的教育差异，促进了教育平等化。网络在提供丰富学习资料的同时带来了个性化和多样化的学习方式。例如，青少年可以通过在线游戏或虚拟现实（VR）去体验、模拟科学实验，提高了学习对他们的吸引力。互联网时代的家校通信软件加强了家庭与学校之间的沟通和互动，家长可以更及时地了解孩子的学习情况和学校的教学安排，促进了教育的透明化和公众的参与。

网络不仅是青少年与他人社交互动的平台，也是青少年展示创造力和表达能力的平台。青少年可以在社交软件上分享自己的视频或艺术创作，尽情展示自己的观点和才华。这种创造性的表达有利于创造力和自我效能感的培养。

如何正确地使用互联网对于青少年来说也是一场关于能力培养的训练。例如，学会怎样有效利用互联网中的信息资源是关于批判性思维的训练，学会如何避免接触互联网的"阴暗面"和避免"成瘾"是关于自控力的训练。青少年也可以利用网络来交朋友。正如前面提到的，他们既可以利用网络与现实中的朋友维系友谊，也可以在兴趣社区认识与自己志同道合却相隔千里的新朋友。但是在利用网络交友的过程中，青少年需要知道辨别"哪些朋友可以结交""哪些朋友值得结交"，同时青少年也需要学会如何在网络中保护好自己。

网络游戏的迅速发展是家长们将网络视为"洪水猛兽"的重要原因之一。让我们来想想，在网络游戏并未普及的时期，孩子们的娱乐活动更多的是一些户外的游戏——"跳房子""捉迷藏""一二三，木头人"。这些简单但极富创造性和趣味性的游戏在过去是孩子们课余生活中不可或缺的一部分。但科技的发展和城市化进程的加快让很多孩子生活在高楼大厦中，适合孩子玩耍的开放空间越来越少了。生活在钢筋水泥森林里的我们也缺少面对面的交流，对于孩子来说更是缺少了玩伴。更别说很多家长通常十分看重孩子的学业成绩，沉重的课业负担和课外辅导班占用了孩子的大部分时间，孩子参与户外游戏的时间和机会更是少之又少。只需要一部手机，任何时间可以开始一个人的游戏，这种相比于传统游戏更为便捷的电子游戏在如今更能吸引青少年的注意。

游戏确实是网络过度使用的重灾区，但即便是在这个领域，我们仍可以帮助孩子养成健康的活动方式。作为担负引导孩子健康成长重任的家长，其实可以避免"谈游戏色变"，毋需一提到游戏就觉得遇到了妖魔鬼怪。早在20世纪的80年代初，国外就已经有了关于教育游戏的研究。有学者将电视游戏整合到教学设计中，研究游戏在教学中的应用。在国内，游戏化学习是近十年来的研究热门。有国内学者将游戏理念融入翻转课堂中，使学生在轻松愉快的环境中以游戏化的方式完成学习内容，有助于培养学习者的主动性、创造性和协作性。在孩子的成长过程中，游戏不仅仅可以作为娱乐的方式，合理地玩游戏还可以让游戏变成孩子学习、探索世界和自我成长的重要工具。

游戏可以作为一种学习工具，给孩子提供一个寓教于乐的环境。家长需要做的是如何合理利用其优点，将其作为传统教育方法的补充，引导孩子在游戏中学会不同的技能与能力，同时合理监控孩子的游戏时间，帮助孩子保持生活、学习和游戏之间的平衡。

无论是上网还是玩游戏，现代科技的飞速发展让我们不可能将个体与网络完全隔离开来，家长很难简单地通过"让孩子远离网络"来解决问题，因此，应该积极面对，通过引导、训练使孩子健康使用网络。家长应该成为良好习惯的榜样，在家中营造支持性和开放性的沟通交流环境，让孩子能够在遇到问题时寻求家长的帮助。与此同时，学校教育不能忽视网络安全教育，要帮助孩子从小建立正确的网络使用观念。尽管互联网及相关技术的迅速发展为孩子提供了无限的学习资源和娱乐方式，但同时也带来了网络暴力、信息过载、隐私安全等问题。这些都是更需要家长重视和帮助孩子跨越的"难关"。

总体来说，我们不能通过将孩子与手机、游戏隔离起来以避免发生不良后果。无论是成年人还是未成年人，合理使用网络都与个体的辨识力、自控力密切相关。与其仅仅通过高度监控来防守，不如积极引导和训练，让孩子掌握如何在这个数字时代中安全、理智、高效地利用网络资源。

三、什么是网络使用过度

家长和老师普遍担心青少年会网络使用过度。目前，学术界对网络成瘾的定义没有一个明确的界定，但是学术界普遍认同在没有药物作用下无法控制自己的"上网"冲动行为可以称为"成瘾"。对于青少年来说，"成瘾"表现为对网络有着强烈的心理依赖，不受控制。《中国青少年健康教育核心信息及释义（2018版）》认为，网络成瘾是指在无成瘾物质作用下对互联网使用冲动的失控行为，表现为过度使用互联网后导致明显的学业、职业和社会功能损伤等问题。其中，持续时间是界定网络成瘾的一项重要标准。在一般情况下，相关行为和问题需至少持续 12 个月才能界定为网络成瘾。

我们将不同学者的定义总结一下可以发现，网络成瘾有两个核心要素，一是"过度"，二是"不受控制"。事实上，青少年在使用网络时大多常常存在"过度"使用或"无节制"使用网络的情况。不过，是否就此判断为"成瘾"，还需要进一步分析是否"不受控制"。关于使用时间，有学者认为健康的时间限度为每天不超过 1.5 小时、每周不超过 10 小时。

关于网络使用是否"过度"，不同的人有不同的标准，很多家长会把"影响学习"作为首要标准，但是除了影响学习外，我们还要考虑网络使用对个人日常功能的影响，如影响社交、家庭关系等。

这里我们提供一个简单易行的框架供家长参考，以观察和评价孩子的网络使用状况及可能存在的问题。

第一，偶尔上网，基本不影响日常学习生活；上网时间稍长（超过健康使用时间），但基本上自己可以控制。

第二，需要家长帮助控制上网行为并且影响正常学习或生活。

第三，对网络有强烈的渴求和无法抑制的冲动，并且不受家长限制，因此与长辈发生激烈冲突。

第四，因为上网而出现问题行为，比如逃学撒谎、暴力行为甚至出现犯罪行为。

如果孩子的情况符合第一种描述，家长无须担心，注意孩子情况的发展，相信孩子的选择。如果孩子的情况接近第二种描述，那么孩子的问题可能主要是缺乏自控力，家长可以帮助其进行自控力的训练与培养。

如果孩子的情况符合第三种描述，家长需要去了解其行为背后的原因。弄清楚孩子的网瘾究竟是"管不住自己"，还是为了寻求某种价值而有计划、有组织、系统地进行某些网上活动。因为以上两种问题的解决办法是不一样的：第一种问题的解决重点在于限制使用，帮助孩子提高自控力；第二种问题的解决重点在于帮助孩子找到比网上活动更有意义的事情。

如果孩子的情况符合第四种描述，家长感到无能为力无法应对时，最好去寻求专业人士的帮助。

四、家长的应对办法

预防和应对孩子对网络过度使用的问题，需要家长、老师以及专业人士的共同努力。这里我们把讨论的焦点放在家长的行动上。

办法一：积极引导

莉莉与女儿的探索之旅

在都市的一角，莉莉的家里充满了欢声笑语。莉莉有一个活泼可爱又充满好奇心的女儿。女儿小美目前正在念初一，在完成了学习任务以后，小美会一头扎进一款充满探索性和创造性的益智游戏里面。作为家长，莉莉并不反对孩子这样做，莉莉对孩子玩益智类游戏持有的是包容鼓励的态度。

"妈妈，你快看我，我是不是超级厉害！"莉莉刚上初一的女儿开心地向她炫耀自己从"海里"吊起来的"鲨鱼"。女儿现在玩的是一款莉莉主动让她玩的游戏。与别的家长不同，莉莉是同意孩子玩游戏的，与其让孩子背着家长玩一些不适合的游戏，莉莉觉得不如主动让孩子玩一些"好游戏"。

在这个游戏中，小美可以捕捉在现实世界中也存在的一些生物，也可以在属于自己的小岛上建造自己喜欢的房子，做一些奇特的烹饪，甚至管理一个博物馆。小美时常会向莉莉分享自己今天在岛上挖到了什么远古化石，捉到了什么蝴蝶，钓起来了什么鱼，给博物馆捐赠了什么标本，猫头鹰馆长今天又给自己科普了什么小知识。"妈妈你看我又挖到了新的远古化石，你看这是霸王龙的爪！"家里总是时不时会听到类似的喜悦分享声音。

有时，莉莉会加入小美的游戏，两人在游戏中并肩作战，合作潜水捕捉稀有鱼类，或者一起经营一家咖啡店。小美最喜欢的是在整个岛上进行捉迷藏。小美经常吐槽莉莉躲藏的地点太难找，但却坚持不懈寻找莉莉扮演的小人儿，找到后两人一起捧腹大笑。似乎这种坚持不懈、持之以恒的精神也延续到了现实生活中，无论是学习上的困难还是生活中的小挑战，小美都能坚持到底，直到找到解决方案。

更让莉莉欣慰的是，小美对自然世界产生了浓厚的兴趣。有一次去海洋馆，小美几乎能够叫出每一种动物的名字，并向莉莉讲述它们的习性和特点。小美盯着五颜六色的水母感叹好漂亮的时候，眼中闪烁的亮光仿佛充满了对知识的渴望和对未知世界的好奇。小美曾悄悄告诉莉莉，她长大后想成为一名海洋学家，去探索那未知而神秘的海底世界。

这让莉莉更加认为合理地利用小小的游戏世界，可以为孩子建立一个通往广阔知识海洋的起航点，帮助孩子寻找自己的梦想和未来的方向。

莉莉鼓励包容的做法令人深思，或许莉莉的做法在别的家长看来是"剑走偏锋"，怎么会有家长鼓励孩子玩游戏呢？

正如前文中我们提到的，游戏也分很多种，合理利用游戏其实是对孩子的成长有一定帮助的。教育是具有多样性的，在数字时代，家长需要做的是拥有一种辩证的眼光，可以通过积极参与和引导，将游戏作为一种教育和亲子互动的工具。合理地利用游戏，不仅将游戏当成单纯的娱乐，而是作为孩子学习、成长和探索世界的一个平台。莉莉通过支持、参与女儿的兴趣活动，不仅加深了母女间的情感联系，还为女儿提供了一个安全、支持的学习环境。通过游戏中的挑战和任务，女儿的探索精神得到了激发，解决问题的能力得到了发展，这些技能在现实生活中也得到了应用。这些都有利于孩子在认知和情感层面的全面发展。同时，这种亲子互动对孩子的情感发展和社交技能的培养至关重要，能够和家长一起愉快游戏的孩子会将家长作为自己社会支持的重要组成部分。

寻找属于自己的那片天

在转学到新学校的那一周，小杰就像是茫茫大海中迷失了方向的一条小船，在陌生的海域里随风漂泊……

由于爸爸妈妈工作变动，小杰转学到了一所新学校。在新学校，小杰发现身边玩某款游戏的人比比皆是。有一天，数学课后小杰和同桌讨论课上一道习题的不同解法，同桌像是看到外星人那般瞪大双眼震惊地看向他说："怎么下了课还聊学习啊？"这时候，另一个同学跑过来问小杰的同桌："李白怎么样才能轻松上手啊？"小杰的同桌立刻就像专家一样开始进行游戏教学，他们的滔滔不绝听得小杰头晕眼花，脑海里全是问号。小杰面露尴尬，却鼓起勇气开口："什么是 buff（增益效果）啊？"听到小杰的疑问，大家都不约而同地对他嗤之以鼻……小杰一下子面红耳赤，看着同学们聚在一起玩游戏、讨论游戏的画面，似乎此时此刻身处教室的小杰真成为一个外星人了。

那件事过了好几天，小杰的内心充满了疑惑和不安，为什么他就不能和其他同学一样，拥有属于自己的手机，也和大家一起沉浸在那个虚拟的游戏世界里？为什么他就不能轻松地融入这个新环境，找到属于自己的朋友圈？与周围同学之间的疏离与隔阂让小杰开始怀疑自己是不是太过古板，不懂得融入别人？难道自己的兴趣太过于单一，自己真的是个书呆子吗？每当这些念头在小杰的脑海中浮现，小杰的心就沉重得像被石头压着。

小杰的妈妈注意到儿子最近的脸上总是面露难色，一片愁云。小杰的妈妈主动询问小杰在新学校的近况，发现了小杰心中的孤独与挣扎。

妈妈对小杰的遭遇表示心疼："妈妈明白融入不了'集体'的痛苦，我们每个人都是害怕被别人拒绝和排斥的。妈妈很开心你将学习作为一件很重要的事情，这太棒了！喜欢学习是一件好事，为了自己的将来努力学习是一件很酷的事情。想要交朋友，或许可以从你们共同的兴趣出发，妈妈记得你以前不是特别喜欢打篮球吗？妈妈还记得你曾经在学校的篮球比赛里面大展身手的帅气身姿呢，要不要尝试通过打篮球去交朋友呢？"

篮球吗？和同学们一起全力以赴赢得一场场比赛的画面再次在小杰脑海中上演。"或许需要这样的尝试"小杰心里这样想。第二天，小杰加入了新学校篮球社的训练。每一次上篮、进球，感受篮球空心刷网的那种美妙声音带来的喜悦，这样自由而畅快的感觉让小杰心底的大石头似乎慢慢被击碎了。在篮球社，小杰遇到了和自己志趣相同的小毅。二人不仅成为最佳篮球搭档，也成为可以分享迷茫、困惑、难过的知心兄弟。在小毅的疏导和鼓励下，小杰更加意识到每个人都有自己的特色和兴趣，没有必要刻意去迎合别人。每个人都有自己独特的一面，这样的个性是值得我们去保护的。因为真正的朋友会欣赏我们真实的自我，而不是我们试图模仿的样子。

自此，小杰开始享受在篮球场上的每一刻。

在这个故事里面，小杰面临了一个似乎是两难的情境，是否要为了迎合同学去玩自己陌生的游戏？这不仅仅是要不要玩游戏的问题，孩子面对的其实是要不要为了"所谓的合群"而去玩游戏。我们都是社会性的动物，没有人喜欢被孤立，没有人不怕被周围的人拒绝，对于孩子而言更加如此。小杰的妈妈首先肯定了小杰对学习的态度，告诉小杰即使周围的同学不太谈论学习，小杰仍然可以坚持自己对学习的兴趣。同时，小杰的妈妈告诉小杰如何去选择要融入的群体，让小杰明白每个人都有自己的长处和特点，拥有自己的个性和爱好是一种优势，与此同时要对周围的世界保持开放和好奇的心态。这样小杰就能在新环境中重新找到归属感。

给家长的建议

1. 挑选合适的游戏

如果家长要将游戏作为一种教育和亲子互动的工具。那么，很重要的一点就是要选择一款合适的游戏。家长首先需要了解不同游戏的类型和游戏内容，挑选适合自己孩子年龄和认知发展水平的游戏。例如，对年幼的孩子，家长可以选择那些简单、色彩丰富、寓教于乐的教育类游戏；对稍大一些的孩子，家长可以选择那些策略性较强、能够启发思考的解谜游戏和模拟经营游戏等。同时，家长在选择游戏时应注意避免那些含有暴力、成人内容或不适宜的语言的游戏。家长在选择游戏的时候需要先了解游戏的评级，或者参考其他家长的评论，或者亲自试玩游戏来判断其是否适合孩子。

此外，当游戏中出现历史、科学、艺术等相关内容的时候，家长可以适当引导孩子去阅读现实生活中相关的书籍或者观看相关的纪录片。家长还应教育孩子如何选择合适的内容，通过讨论交流去引导、帮助孩子培养判断能力。随着孩子逐渐长大，他们应该学会养成批判性的眼光和思维，拥有独立自主做正确选择的能力。

2. 在共情中引导

作为家长，讲道理的同时更要先和孩子共情。什么是共情？共情是去理解和感受他人的情绪与经历。父母作为孩子重要的社会支持力量，对孩子的共情就更加重要。

共情首先要做的是倾听——倾听孩子的感受和想法，而不是立即给出建议或评判。其实，无论是孩子还是成人，人们在面临困境的时候，需要的往往不是即刻的解决方案，而是被理解和支持的感觉。对于心智还未健全的孩子来说更是如此。家长可以通过倾听孩子讲述他们的日常经历，询问孩子的感受，去了解孩子的内心世界。家长在倾听时最忌讳的就是打断孩子的讲述，或者评价孩子。家长普遍喜欢做的事情就是和孩子说"别人都没有难过，为什么你难过，是不是你自己有问题"。这种将孩子面临的困难简单片面地归因到孩子自身的做法是十分有害的。家长可以通过点头、眼神接触等非言语行为去表示自己在认真倾听。

在倾听完孩子的感受后，家长应该表达共情和支持。例如，家长复述孩子的感受："发生了这样的事情让你觉得孤单难过对吗？我明白在这种情况下确实会很难过。"这种表达方式让孩子感觉到自己被理解。家长还可以分享自己类似的经历，表明理解孩子的感受，让孩子感受到自己不是孤单一人在面对困难，自己是可以寻求家长的帮助的。

在共情之后，家长就可以为孩子提供一些实际的建议了。例如，如果孩子感到孤单或难以融入新环境，家长可以建议他们尝试加入学校的社团或兴趣小组等。这样不仅能帮助孩子缓解低落消极的情绪体验，开阔新的思维、发展新的兴趣，还能获得与志同道合的同龄人交往的机会。

办法二：防止过度

家长与孩子的君子协定

嘀嗒，嘀嗒……墙上挂钟的时针已经指向了数字 11。外面的世界早已进入了黑夜，13 岁的男孩小文的房间仍然灯火通明。地上散落着皱巴巴的校服和吃了一半的外卖，小文坐在床上，手捧手机，两个拇指在屏幕上飞快地舞动着，嘴里反复念叨"上啊，跑什么""稳住，还能赢""等我开团"。

他已经一整天没离开他的房间了，爸妈都出差了，终于可以"我的地盘我做主"了。屏幕上，红蓝双方正在争夺暗影主宰，推拉之间，有人突然释放技能，数道剑气从天而降，时间仿佛在这一秒钟停滞。小文从各种重叠的特效中，条件反射般地辨识出传达的信息，并迅速做出应对。

"Triple Kill"系统给予玩家"三杀成就"提示，可是立即又出现"Defeat"（"失败"），小文重重地把手机摔在乱糟糟的衣服堆上，嘴里骂着脏话——属于小文一方的水晶居然被对面"偷塔了"，游戏结束页面的"败方 MVP"竟是如此讽刺。

脑海中有一个声音问小文"还要继续吗？"

另一个声音回答小文"再来一把，赢了就睡。"

……

小文的爸爸提前完成出差任务回到家，却发现原本应该黑暗的儿子的房间仍然亮着灯。于是小文不分昼夜不亦乐乎地玩游戏就这样被家长发现了……爸爸心中自然是一阵怒火……但是他还是忍住了发火的冲动，深呼吸几次后，语气温和地询问小文："这么晚了是不是该休息了？"小文自知理亏，也赶快放下手机洗漱睡觉了。

然而小文的爸爸却没能睡着，心里回想着孩子最近的表现，成绩稳定，老师也从未反映过孩子出现过问题行为，在家里的小文也是很听话懂事的，没有什么不良表现。这样想完以后小文的爸爸觉得孩子可能只是偶尔的一次放纵或稍微缺少控制力。

等到了第二天，在双方都冷静之后，小文的爸爸来到小文房间尝试询问孩子喜欢游戏背后的原因。"哎，你昨晚在玩什么游戏啊？看起来还挺好玩的，能不能和爸爸分享一下，爸爸年轻的时候也挺喜欢玩游戏的。"

小文听到爸爸没有责怪他，心中的负担一下子就放下了。于是和爸爸打开了话匣子，与爸爸分享了玩的游戏，并且告诉父亲自己喜欢玩游戏就是单纯觉得游戏好玩而且自己只是偶尔会忍不住想要多玩一下。

最终，爸爸和孩子一起约定了关于电子设备的"君子协定"：第一，电子设备可以用来学习，也可以用来适当娱乐；第二，需要手机辅助学习的时候可以使用手机，学业任务完成之后可以休闲一下，但是休闲的时间不能占用睡眠的时间；第三，破坏规则之后需要接受家庭成员协商之后的惩罚。

让改变发生的"暂停盒子"

乐乐一天中最期待的事情莫过于放学后的自由时间，要问为什么，当然是因为可以尽情将时间挥霍在玩手机上。无论是刷视频还是玩游戏，都深深吸引着这个初中少年的眼球。

和往常一样，回到家的乐乐迫不及待地找出手机躺在沙发上开始愉快地"享受时光"，殊不知自己的这一习惯动作已经被父母看在眼里……

父母的愁眉苦脸不无道理，乐乐对手机的玩耍从一开始的偶尔娱乐，到现在已经几乎成为生活的一部分。乐乐放学后的闲暇时间几乎被他手上的"小屏幕"填满，即使短暂地放下手机，心里却还是放不下"小屏幕"中的"花花世界"，甚至有时候在餐桌上也总是低头看手机，好像完全沉浸在虚拟世界里。尽管乐乐在学校的成绩还算不错，但父母觉得乐乐的话越来越少……是时候该做出改变了！

一天，乐乐像往常一样放学回到家，突然发现家里多了一个说大不大、说小不小的木盒子放在客厅正中间。正在疑惑的时候，爸爸出现了，手里拿着一张写着字的便签条，将便签条贴于木盒子上。乐乐定睛一看，便签条上写着如下内容：

家庭"暂停盒子"使用说明：

第一，所有家庭成员必须遵守。

第二，"暂停盒子"顾名思义，需停止对盒子中物品的使用。

第三，回到家里以后，手机需要放进本盒子。

第四，睡觉时，手机也需要放进本盒子。

第五，盒子中物品的拿出需经所有家庭成员的一致同意。

乐乐百思不得其解。爸爸义正词严："鉴于现在无论是爸爸、妈妈，还是你，大家似乎都喜欢低头玩手机，缺乏对彼此的陪伴和交流沟通，长期如此会导致家庭矛盾，我们需要做出改变，幸福美满的家庭需要每一个人的努力。因此，我们回到家里以后需要把手机放这个'暂停盒子'，谁需要看手机的时候需要和家里的另外两个人打报告，大家一致同意之后才能够将盒子里的手机拿出来使用。晚上睡觉的时候，手机也需要乖乖待在盒子里面。"

一开始，乐乐心中并不情愿，甚至略有微词。但是在做作业前那段休闲时间，爸爸妈妈也组织了全家人参与的家庭活动：讲故事、下跳棋、到楼下去踢毽子等。

随着参与家庭活动的次数增多，乐乐发现自己似乎收获了许多在虚拟世界很难感受到的东西。在跳棋作战中，乐乐学会了思考、预判对手的动作并制定胜利策略；在羽毛球比赛中，乐乐不仅锻炼了身体，每次运动之后学习上的压力似乎也都被释放了；周末的露营让乐乐更加亲近大自然，他学会了如何搭建帐篷和照顾自己。乐乐的变化也影响到了他的学习和社交生活。在学校里，乐乐变得更加专注和积极参与。乐乐开始意识到，生活中有很多值得探索和体验的事物，而这些都不是通过手机屏幕就能感受到的。

"暂停盒子"的出现让乐乐一家人的关系都变得更亲近和幸福了。

乐乐学会了如何去平衡虚拟世界和现实世界，成为一名更加健康、阳光、快乐和全面发展的中学生。

给家长的建议

1. 家长的自我控制

家长在处理孩子的问题时，首先要保证自己情绪稳定。

让我们回顾一下小文的爸爸是如何处理小文打游戏这件事情的。

小文的爸爸看到儿子深夜还在玩游戏，非常生气。但他先让自己冷静下来，这样做是非常有必要的。避免在情绪处于愤怒的时候去处理事情可以防止让"就事论事"变成一味地宣泄、指责，心平气和地沟通是解决问题的前提。自己冷静下来后，小文的爸爸没有武断地去批评儿子，而是先了解情况，分享自己的经历，拉近与孩子的距离，然后试着与孩子沟通孩子行为背后的原因。只有弄清楚究竟孩子是怎么玩游戏的，才能"对症下药"。小文的爸爸发现小文玩游戏过度的重要原因是缺乏控制力。对此，他与孩子达成了关于使用手机的约定。

家长们可以参考小文的爸爸的做法，在自己情绪处于稳定的时候，通过对孩子进行观察，和孩子沟通，尝试问一问孩子从游戏中得到了什么。如果孩子只是因为需要满足社交和压力释放的需求，那家长需要帮助孩子养成自控力。家长应试着和孩子讨论"连续玩游戏是否是一件不合理的事情"，如果大家都觉得确实不合理，那就需要共同商量应该如何去解决，尊重孩子的决定，同时进行理性的监控。理想的目标是家长和孩子双方达成共识，孩子能够自己制定规则，并主动遵守。

2. 逐步提升自控力

首先，家长可以在孩子接触网络之前就提前为他们"打预防针"。家长应提前告诉孩子网络是把"双刃剑"，如果使用不当，可能会给我们带来许多坏处——过度使用手机或电脑会有损身体健康，姿势不当会影响身体发育，不健康用眼会导致近视；网络上会有很多不良信息，比如暴力、色情，孩子过早接触这些信息会受到心理伤害等。

其次，家长应与孩子一起设定合理的规矩和限制：制定明确的约定，约定使用互联网的时间和方式以及违反约定之后的惩罚措施。例如，家长和孩子双方约定只能在每天的学习任务完成之后才可以玩手机或电脑，每天玩手机或电脑的时间不能超过多长时间，违反约定之后的惩罚措施可以是强制减少手机的使用时长，减少每周的零花钱等。

最后，家长围绕"自控力越高，自由度越高"法则，促使孩子逐步提升自控力。孩子在网络使用活动中培养起来的自控力，也会迁移到其他活动中。他们会自己给自己设定目标、拓展知识、坚持任务执行直到达成目标。例如，在学习中，自控力的提高会带来更好的学业水平。

3. 避免将网络作为逃避其他问题的港湾

有的时候孩子沉迷网络是因为网络能够让孩子逃避现实中不愿意面对的事情，比如学业压力。一方面是初中逐渐繁忙的学业，另一方面是眼花缭乱的网络活动。如果让我们与孩子互换身份，我们能够做到坚定地拒绝网络的诱惑、认真学习吗？成人尚不能意志坚定地去与自己趋利避害的本性对抗，更何况是孩子呢？家长要做的不是批评孩子不够坚强、不够努力、喜欢逃避，而是应该为孩子提供合理宣泄学业压力的方式，比如通过跑步、打篮球、游泳等运动释放压力。家长不能因为一次考试的失败就打击孩子，应对孩子给予恰当的期望，告诉孩子不开心的时候可以和朋友、家长倾诉。家长应在孩子成长的过程中准备丰富多彩的家庭活动帮助孩子放松心情、转移注意力。

孩子可能面对的是在学校被欺凌的问题，或者是在学校遇到困难等，这些都可能会让孩子出现逃避现实而从网络这样的虚拟世界中找寻快乐的举动。这是家长一定要重视的问题，如果是欺凌的问题，家长需要妥善处理。如果是在学校的社交遇到困难，家长可以鼓励孩子多探索，多与同龄人参与线下的社交活动，做运动或参加社团活动等，满足孩子对社交的需求。家长可以在生活中与孩子一起完成一些有挑战性的任务，比如一起拼拼图，一起爬山等，让孩子体验到现实生活中成功的喜悦。在兴趣活动上获得的成功也可以帮助孩子建立自我效能感，有利于孩子增强自信，建立积极的自我概念。

4. 平等沟通

很多家长在处理孩子过度上网的问题时，发现孩子似乎已经到了"叛逆期"，与孩子的沟通非常困难。孩子沉迷网络，家长应该采取相应的行动，但前提是亲子间沟通正常，如果家长与孩子之间关系已经存在裂痕，那需要先修复关系，再解决问题。

因此，家长要做的第一步是与孩子建立信任和形成良好的沟通。家长需要让孩子明白，家长没有站在孩子的对立面，不是孩子的敌人。同时，家长也要站在孩子的角度去思考哪些才是孩子能接受的、适合孩子的方式方法。到了青春期，孩子拥有了做决策的能力并且喜欢对自己的事情做决策，还往往对自己的决定十分自信。家长要接受孩子作为一个独立的个体拥有自己做选择的权力，孩子需要被相信与尊重。家长要避免孩子仅仅只是因为逆反而对父母越不让做的事情越要做的情况。家长可以就像小文的爸爸做的那样，表达出这样一种信息——我理解你，给予你一定的自我掌控权，相信你能够安排好自己的生活。

如果孩子已经对家长失去希望和耐心，坚定地认为双方无法沟通、无法改变，家长就需要让孩子先看到家长的改变，多一些耐心，多和孩子表达"我愿意倾听""我愿意包容""我愿意不批评、不评价"。当孩子体会到父母的真诚与改变的时候，他们也会改变不听话或对抗的方式。

平时，家长要采取温暖、鼓励、民主的教养方式，做孩子最亲密的朋友，为孩子提供安全、和谐的家庭氛围。家长最好每天都抽时间和孩子交流，及时关注孩子的身心健康，可以谈谈一天中学校里发生的开心或令人烦恼的事情，及时、敏锐地捕捉到孩子遇到挫折时的情感支持需要。家长不能总是强迫孩子学习、一味地进行说教，要让孩子参与到家庭决策中，比如一起制订家庭出行计划等。

5. 给孩子树立榜样

当然，在青少年对网络的使用中，最糟糕的情况是家长给孩子树立了坏榜样。班杜拉的社会学习理论认为，儿童通过观察学习去习得行为模式。坏榜样的出现不仅会让孩子学到父母身上不良的习惯，也会让父母失去孩子的信任。老话常说"父母是孩子最好的老师"，父母指责孩子沉迷网络的时候，不妨审视一下自己的状态。是不是家长也过度使用手机、使用网络？家长作为孩子的第一老师，如果自身总是非工作原因离不开网络，那孩子久而久之的耳濡目染和有样学样导致的不良结果想纠正过来就更加困难，需要花费更多的精力。不想让孩子沉迷网络，家长要以身作则，不给自己找"一天工作太忙了，我也需要放松"的借口，不要一回到家就抱着手机玩个不停。家庭成员应一起制定手机使用规则，让孩子加入家庭决策之中，给予孩子尊重的同时提高孩子遵守规则的意愿。

第五章　偶像崇拜

一、追星乱象

2002 年，一名 17 岁的初中生因没钱亲眼见到偶像影星而服毒自尽；2003 年，一名 16 岁的少女自杀，起因只是母亲没有同意给她买偶像的光盘；2006 年，17 岁的偏瘫歌迷为见到偶像走遍六省，最后吞下 30 粒安眠药；2015 年，两名某影星的粉丝因为激烈的争论而导致一名粉丝被刺杀身亡；2019 年，一名女学生在与父母发生矛盾后离家出走，为了和自己的偶像见面，在路上走了两天两夜，最终因为身体原因晕倒被送往医院。

虽然以上提及的事件只属于追星中少数较为极端的例子，但已足以让人警醒和反思。事实上，近年来的各种追星乱象已经引起社会各界的广泛关注。例如，诱导未成年人应援集资、高额消费、投票打榜等行为；"饭圈"① 粉丝互撕谩骂、拉踩引战、造谣攻击、人肉搜索、侵犯隐私等行为；鼓动"饭圈"粉丝攀比炫富、奢靡享乐等行为；以号召粉丝、雇佣网络水军、"养号"形式刷量控评等行为；通过"蹭热点"、制造话题等形式干扰舆论，影响传播秩序的行为。由于"饭圈"问题的严重性，2021 年 6 月，中央网信办启动了"清朗·'饭圈'乱象整治"专项行动。2021 年 8 月，中央网信办秘书局发布了《关于进一步加强"饭圈"乱象治

---

① "饭圈"，网络用语，指粉丝圈子。

理的通知》。

2021 年 7 月 20 日，共青团中央维护青少年权益部、中国互联网络信息中心发布《2020 年全国未成年人互联网使用情况研究报告》，聚焦未成年人互联网使用特点和网上生活状态。值得关注的是，该报告显示，粉丝应援逐步成为一项未成年人网络社交娱乐新活动，未成年网民参与粉丝应援活动占比为 8%，其中尤以初中生占比最高。可见青少年追星群体是一个不可忽视的群体。

孩子追星已经成了让很多家长头疼的事情。一方面，他们担心追星会带来种种不良后果；另一方面，他们又不想让孩子觉得家长在干涉孩子的自由。针对孩子追星，很多家长会觉得这是在浪费时间，觉得把时间花在追星上毫无价值，不如把精力放在运动、音乐、美术等更有意义的爱好上，尤其担心追星可能影响学习。此外，由于存在"饭圈"粉丝骂战、盲目消费和网络隐私侵犯等不理智的追星行为，很多家长也害怕追星群体会给自己的孩子带来负面的价值观影响，使孩子卷入许多负面事件中。

二、青少年为何会追星

"私生饭"小 M 的讲述

小 M 在初三开始追星，此后进行了长达 12 年的追星生活。高中毕业后，小 M 直接去了韩国，名义上是到韩国上大学，实际上大部分的时间、精力和金钱都花在了追星和买周边上。多年时间里，小 M 既不学习也不工作，而是辗转于明星的住所、机场和各种活动中。

说起自己追星的原因，小 M 一脸感慨："我现在还记得很清楚。初三的时候，因为学业、人际关系和家庭的各种事情，我非常消沉，身体也经常不舒服，所以就休学了一段时间。在家休息时我'入坑'①了偶像 X，因为他长得好看又有才华，不论何时看起来都非常有活力。平时我对什么都提不起兴趣，食欲不好也不爱说话，但是看他的照片、表演、综艺和动态总能让我激动起来。"

有一天，小 M 在某平台发布了 X 的照片合集，得到了其他粉丝的点赞和评论。添加了其他粉丝的联系方式后，小 M 被拉进了一个群，群里都是 X 的粉丝，大家会一起拼单买周边和聊天。一天，群主姐姐说 X 可能要来中国巡演，小 M 很激动，说自己有时间和经费去看。于是管理员把她拉进另一个群，群里的小伙伴有负责租车的，有负责订酒店的，有负责查行程的，分工明确。小 M 跟妈妈说要出去散心后，便跟朋友一起坐上了去见偶像的火车。

和群里的伙伴会面之后，小 M 发现他们非常专业，对讲机、望远镜、相机……装备十分齐全。后来他们准备先去机场接机，小 M 不禁好奇航班这么私密的信息是怎么查到的。小伙伴解释说是跟韩国机场的人买的消息，估计是从经纪人那里得知的，甚至还查到了 X 入住酒店的信息。

在车上，小 M 跟朋友们坐在一起，心里有些忐忑，总觉得这样不太好，会打扰到 X 的私生活。但是，在好奇心的驱使下，小 M 还是到了机场，见到 X 后那些疑虑都被抛在脑后了。和舞台上的他比起来，私下的 X 没有那么精致，这让小 M 觉得 X 也是个普通人。看到了 X 的另一面，与 X 的近距离接触让小 M 产生了一种神奇的体验，觉得自己好像与 X 更亲近了、更了解 X 了。高中毕

---

① "入坑"，网络用语，指专注地投入某一件事情之中。

业后选择去韩国读书，小 M 也是有这部分的考量，这样追星更方便了，信息的渠道也更多了。虽然学业上已经耽搁了很多，但是什么都敌不过小 M 追星的热情，这是她的精神支柱、是她每天愿意起床生活的动力。

从小 M 的"入坑"经历看，导致青少年追星的因素很复杂，既有自身因素，比如小 M 的心理状态和情感需求，也有家庭的原因，比如小 M 的父母在不了解孩子如何去散心的情况下，就直接同意她和朋友两个未成年人一起出远门。另外，导致青少年追星的因素也有娱乐行业的原因，比如偶像文化的宣传、明星团队员工对"私生饭"[①] 的默许甚至通过透漏行程信息获利等。

青少年追星是偶像崇拜的一种表现。偶像崇拜通常指的是指对任何一种偶像、图像或物体的崇拜，也指个体对自己所仰慕的对象产生的一种钦佩和推崇心理以及由此而引发的一系列学习和模仿行为。例如，苹果公司的创始人史蒂芬·乔布斯说过自己的偶像之一是印度国父甘地，他从甘地身上学到了坚持自己的信仰。可见偶像崇拜是人类生活中一种比较常见的现象。岳晓东等学者认为偶像崇拜是青少年时期的过渡性需求，其核心问题是心理认同和情感依附，即个人在认知、情感和个性发展上欣赏与接受另一个人的价值观、

---

① "私生饭"，网络用语，指侵犯明星的私生活及工作的粉丝。

行为模式以及外表形象等，并加以崇拜和模仿。

偶像崇拜是个人成长的一部分。理性的、正面的偶像崇拜能给青少年带来良好的引导和示范作用。不管是作为低谷时期的精神寄托，还是成长路上如灯塔般的指引和激励，榜样在个体实现个人价值的道路上具有非凡的意义。健康积极的偶像不仅可以给予青少年很大的情绪价值和审美享受，也能给个体传递正确的人生观和价值观，让个体目标更加清晰，行为更具动力。青少年追星可以激发他们对音乐、艺术、表演等领域的兴趣，激励他们追求自己的梦想和目标。青少年通过追星可以学习到优质偶像的努力、坚持和成功的故事，从中获得启发和正能量，激发创造力和进取心。比如在下文的故事中，小悦正是在偶像歌手 Z 的激励和启发下，确定了自己未来的发展方向。也正是偶像的榜样作用，让小悦有不断提升自己音乐素养的动力。

偶像崇拜对青少年成长的影响尤为突出，因为青少年处于自我同一性整合混乱期，这一时期的偶像崇拜对他们的自我感知和群体归属感都可能产生很大的影响。

进入初中和高中后的社会交往需要青少年第一次有意识地回答"我是谁"这个问题。在这种情况下，青少年容易出现两种心理现象——假想观众和个人神话。假想观众是指青少年认为每个人都像他们自己那样对他们的行为特别关注，这种信念导致他们产生过高的自我意识，过分关注别人的想法。个人神话是指关于个人独特性的认识。由于青少年专注自己的思想，十分看重假想观众的想法，因此他们容易相信自己是独特的、无懈可击的、无所不能的。青少年对别人关于自己的看法和评价、自己在别人眼中的形象以及任何可能导致尴尬、嘲笑或拒绝的行为都十分敏感。许多英雄、明星、其他公众人物一般都有非常多的粉丝追随和关注，同时收获许多正面的评价，这正好符合了青少年的假想观众心理。公众人物许多突出的地方，如外表、能力和性格等，也更符合青少年个人神话的心理特征。当然随着网络的发展，各种信息流下青少年更容易接触到颇受关注的、独特的、有着突出吸引力的偶像。因此，这一时期偶像非常容易成为青少年构建自我同一性和社会角色的模仿对象。

由于有共同的兴趣，崇拜同一偶像的青少年之间很容易发展出友谊，从而拓展了青少年的社交网络，使青少年获得更多的安全感和社会支持，提高社会问题解决技能和与人协商的能力，增强其自我价值感。除了个人友谊外，崇拜同一偶像的青少年还会形成相应的群体。青少年通过追星加入"饭圈"能够获得自我认同和群体认同，获得群体归属感。很多网友反映虽然自己喜欢的偶像已经换人了，但是在之前的圈子里认识的人依然是好朋友。追星可以带来共同的话题和兴趣，促进青少年之间的交流和社交，增强青少年的归属感和社会联系。例如，在下文的故事中，小夏在追星时认识的网友，在知道她住院之后给了她很多安慰和支持，还送了花束。当时认识的很多朋友在小夏上大学之后仍是她的好朋友。

追星也使个体能够在"饭圈"这个乌托邦世界里收获现实生活中难以获得的丰富的情感体验。随着当今社会的快速发展，未成年人和成年人都有着各自不同的压力。相比于小学生，初中生和高中生有着更大的升学压力，并且在课程安排下与家人相处的时间较少，假期的空闲时间也容易被作业和兴趣班所占据，缺乏依恋和亲密情绪的宣泄出口。青春期是个体开始对亲密关系进行探索的时期，容易将异性偶像投射为浪漫幻想的对象。随着偶像产业链的成熟，偶像更多地成为讨好粉丝以刺激粉丝消费的存在，这种正合胃口的"爱豆"（idol）① 包装可以让粉丝在追星的过程中暂时忘记现实中的压力、空虚和孤独感，形成一种精神寄托。当然这种行为是当今社会环境下存在的一种正常现象，成年人也会通过看电视剧、看电影、看小说或逛街等行为来释放压力。冲动的替代性满足可以避免很多攻击性行为，压力的释放也有利于个体的心理健康和成长发展。但是由于追星中的情感释放对象是现实生活中的人，并且涉及自我认同和群体认同，因此容易产生过激行为。

追星有利有弊，对青少年，家长要看到偶像的正面作用并且避免其负面影响。

不健康的偶像崇拜会导致青少年的身心伤害。例如"饭圈"要求粉丝给"爱豆"做数据、控评以及冲销量等不仅会占据许多未成年粉丝的时间，还会消耗青少年的零花钱。"饭圈"的骂战也让青少年粉丝卷入了充满暴力和冲突的网络环境，可能使其更加具有攻击倾向，做出暴力行为。"爱豆"的"塌房"——通常指偶像被发现有失德行为，会让青少年粉丝的情感投射破灭，产生幻灭感，或者让青少年粉丝认同这种失德行为，歪曲三观。非理性偶像崇拜是指个体在进行明星崇拜时，表现出情感失控、情绪狂热、缺乏是非判断能力，并且片面强调崇拜对象完美的行为现象。

追星带来的消极影响还涉及其他方面。首先，过度追星可能会占用青少年大量的时间和精力，影响他们的学习、家庭生活和其他重要活动。在下文的故事中，小夏正是由于追星压缩了睡眠的时间，影响了她日常的学习和生活，长此以往还影响了她的健康。其次，追星可能需要花费大量的金钱购买演唱会门票、周边产品等，对于经济条件较差的家庭来说可能会带来财务压力。

---

① 爱豆（idol），网络用语，指偶像艺人。

小夏是一名高中生，其经济来源完全依靠父母的生活费，面对巨额追星费用支出，小夏只能从饭钱里节省出来。最后，青少年对偶像的情感依赖可能导致其情绪过度波动，过度依赖偶像的认同和关注，影响他们建立独立自主的个性和自信心。在追星时，小夏发现偶像生病或心情不好的时候，她也会跟着难受。当网络上有人对她的偶像进行攻击时，她总是控制不住自己的情绪，非常愤怒，忍不住参与网络骂战，但是这种情绪的大起大落让她非常疲惫。这就是对偶像的过度认同带来的负面心理影响。

需要注意的是，每个青少年的情况都有所不同，对追星的态度和影响也不能一概而论。家长和教育者应该关注青少年的追星行为，引导他们理性追星，平衡追星与其他重要活动的关系，培养青少年的独立思考的能力和健康的价值观。同时，家长和教育者也要注意防范追星文化中可能存在的负面影响，如"饭圈"文化中的网络暴力和言论极端化等问题

三、晕倒的小夏

小夏是一名高中生，她最喜欢的艺人是一个偶像团队里的成员——小P。初三时一次偶然的机会，小夏在网上冲浪的时候刷到了小P的舞台视频，他的表演风格深深地吸引住了小夏。后来小夏又去看了小P的综艺，发现他的性格也很有意思。于是小夏开始作为小P的粉丝积极关注小P的动态，也会买专辑支持他。父母也知道小夏追星的事情。追星起初作为一个爱好并没有耽误小夏太多的时间和精力，因此父母没有过多地干预她。考上高中之后，由于学校离家比较远，小夏决定住校。遥远的距离加上学业的繁忙，父母与小夏的交流逐渐减少，见面更多是在放假时。

父母会趁着假期带小夏出去玩耍，一起吃饭，在开学前给小夏生活费等。后来小夏说，在学校和家里联系太不方便了，想把自己的手机带去学校，父母觉得有道理，便答应了。

但是突然有一天，小夏的父母接到了学校的电话，说小夏在课堂上晕倒了。送到医院检查后，小夏的父母才知道小夏低血糖很严重。在病床上，小夏也被吓到了，经过父母不断询问，小夏将自己的情况娓娓道来。

高一开学之后，由于白天课程安排很满，作业又很多。小夏只能下了晚自习之后，等宿舍熄灯了，再用手机关注偶像小P的最新信息。小P最近有什么活动和表演、生活中发生了什么事……小夏都一清二楚。虽然与小P隔着屏幕，但是小夏觉得他好像一直在自己身边，陪伴自己，让自己快乐。由于睡眠的缺失，小夏白天上课时经常犯困，跟不上课程进度。下了课之后小夏也忍不住趴在课桌上补觉。自从开学之后，除了同桌和周围的几个同学外，小夏连人都没认全，更别说交什么朋友了。

但是通过追星，小夏在网络上认识了很多同好。大家会约着一起参加线下活动，或者拼单购买专辑等。这让小夏感觉自己在网络上有很多好朋友，可以分享日常、交流兴趣爱好、互相支持和安慰……有了这些朋友的陪伴，小夏一点都不觉得孤单。看到小P严格的身材管理，小夏也逐渐觉得瘦才代表好看，每次照镜子的时候都觉得要是能更瘦一点就好了，于是她产生了减肥的想法。加上想省钱去看小P的演唱会，小夏每天晚上在学校都不吃饭，把晚饭钱攒起来用来追星。这是她低血糖的主要原因。长期的疲劳和缺乏睡眠导致小夏身体很虚弱，免疫力也下降了。同时，追星时网络上的一些过激发言也让小夏出现了情绪不稳定、情感依赖和心理焦虑等问题。小夏的父母看着病床上的女儿，意识到没有及时地关注小夏的生活和学习状态，觉得又生气，又心疼，又自责，但是幸好在高一上学期就及时发现了这个情况，还有调整和改变的时间。商量后小夏的父母决定先把女儿的身体照顾好，然后在小夏出院的这一天跟她进行了深刻的谈话。

小夏的爸爸先开口："小夏，我和妈妈从你上初中的时候就知道你追星。但是我俩并没有表示反对，也没有进行干预，甚至有时候你需要买追星相关的东西，我们也会提供一定的资金支持。因为我和妈妈觉得你现在正处于青春期，有兴趣去探索自己的爱好，追求自我，是很好的。爸爸妈妈尊重你的选择。但是不管是追星还是其他的爱好，都有积极的影响和消极的影响。当一件事给你带来的是疲惫、疾病和心理问题，那我们是不是应该审视一下，做出一些正确判断和改变呢？"

妈妈接着说："很多时候追星让我们看见的都是偶像光鲜的一面。也许是外貌，也许是实力，但是现在的偶像，从出道到有一定的粉丝数量和商业价值，是公司、品牌和个人等多方面共同作用的结果。小夏，你追星这么久了，肯定更了解这个。当追星能给我们带来一些情绪价值的时候，妈妈支持你，但是妈妈不希望像前段时间的这种情况再出现。不管爱好怎么样，我们最关心的肯定是你的身体和心理健康、生活的目标等。爸爸妈妈不希望看到你在任何一件事情里迷失了自己。妈妈记得你小时候还很喜欢打羽毛球，等你回学校正常上课之后，放假的时候我陪你打羽毛球好不好？爸爸妈妈也要向你道歉，之前没关注到你这个问题，到你晕倒了才知道。现在爸爸妈妈想和你一起努力，调整好爱好、学习和生活的关系，你觉得怎么样？"

小夏住院的时候自己也想了很多，和心理老师聊过之后，她感觉高一开学之后的这段经历确实让自己很累。虽然熄灯后用手机关注各种信息会让她感到快乐，但是身体的疲惫、网络言论的纷扰、爱好的单一和时时刻刻想着省钱的紧张，都让她身心俱疲。于是小夏决定接受父母的建议，合理地分配学习、社交和休闲娱乐的时间。小夏仍然关注自己喜欢的明星，但是在时间、精力和经济上都会控制在一个合理的限度内。同时，小夏也会抽时间与家人和朋友相处，并积极拓展新的爱好。

四、家长如何应对孩子追星

1. 帮助孩子关注积极的偶像

家长要看到偶像崇拜对青少年发展的积极影响，帮助孩子发现健康的偶像，甚至同孩子一起辩证地崇拜偶像等。偶像崇拜对青少年发展是必要的，家长可以帮助青少年发现积极的偶像，利用积极的偶像和榜样的力量来帮助青少年树立积极的"三观"。当家长和孩子有较好的情感联结时，孩子会更主动地和家长分享自己的日常和爱好。家长可以引导孩子喜欢健康的、正能量的、对个体成长有正面引导作用的偶像，如航天员、运动员、英雄模范等积极的形象，和孩子一起感受到榜样的激励作用，和孩子一起向偶像学习，不断提升自我。

家长自身须树立正确的偶象观。家长是孩子的第一任老师，家长的言行举止会对孩子产生很大的影响。因此，家长首先要具备正确的价值观，明确什么样的偶像是值得学习的。

家长要了解孩子的兴趣和需求。家长应关注孩子的兴趣爱好，了解孩子的需求，从而有针对性地引导孩子选择正确的偶像。同时，家长要尊重孩子的个性发展，不过度干涉孩子的选择，给予孩子适度的自主空间。

家长要引导孩子选择具有正能量的偶像。家长应引导孩子关注那些具备正能量的偶像，如科学家、艺术家、运动员等。他们凭借自己的努力和才华取得了卓越成就，其精神品质能够激励孩子积极向上，勇敢追求自己的梦想。

家长要培养孩子的独立思考能力。家长要教育孩子学会独立思考，理性分析偶像的优点和不足，学会分辨是非，逐步形成正确的价值观。

家长要参与孩子的成长过程。在日常陪伴中，家长应积极与孩子共同学习、携手进步，通过言传身教，引导孩子在成长过程中树立正确的偶像观念。

家长要注重家庭教育环境的营造。家庭是孩子成长的摇篮，家长要营造一个积极向上、健康和谐的家庭氛围，让孩子在潜移默化中形成正确的偶像观念。

2. 观察判断

有学者将偶像崇拜分为四种类型，即低卷入型、交际型、移情型和妄想型。低卷入型个体对偶像没有特殊的兴趣，没有特别的崇拜迹象。交际型崇拜者为了达到娱乐和社交的目的，对偶像的认同、模仿和情感卷入水平较低，比如只是为了获得"饭圈"中其他粉丝的认同而表现出情感卷入。移情型崇拜者高度认同偶像，且高度情感卷入。他们对偶像的状况感同身受、置身其中，如果不加以干预，很可能升级为病理性的崇拜。妄想型崇拜者会对偶像产生浪漫化、幻想化的认同，心理已经出现分裂迹象，属于非理性偶像崇拜。

家长可以通过观察孩子的行为判断孩子的偶像崇拜卷入程度。例如，刚开始追星时初中生小美特别喜欢关注其偶像的生活细节和经历，看、读、听偶像的各种信息和新闻，这让她特别开心和快乐，她也喜欢和偶像的其他粉丝在一起聊天，分享偶像的信息。此时小美的卷入只是为了满足娱乐和社交的需要，属于交际型偶像崇拜。后来小美发现当偶像遇到好事时，就像发生在自己身上一样，偶像成功就是自己成功。而当偶像遭遇了挫折和失败时，小美觉得自己也非常难受。此时小美将发生在偶像身上的事情投射在了自己身上，有了较深的情感卷入。再后来为了更了解自己的偶像，小美忍不住将自己过年收到的红包钱都花在了收集偶像的签名照甚至偶像用过的物品上。再后来小美崇拜的偶像被控告违法，但是小美认为这些都是讨厌自己偶像的坏人捏造的，别人都不理解自己的偶像，只有自己知道偶像有多么辛苦、多么善良。在这种情况下，小美已经将偶像的一切不加辨别地全部接受了并且希望其他人像自己一样卷入，其程度已经到达了迷恋的阶段，可以认为是移情型崇拜。小美在网络上替偶像抱不平的时候认识了同为偶像粉丝的高中生小言。小言一直觉得自己和偶像有一种难以用言语形容的特殊关系，并且他们可以用专属的私密方式沟通。我们可以看到，小言对偶像有一种强烈幻想性的认识。后来小言还说如果能见到偶像，就算让她做违法的事情她也愿意。当自己需要帮助的时候，小言觉得偶像会马上来拯救她，在生活中小言也会刻意地模仿偶像的生活习惯。我们可以看到，小言的情感卷入已经到了病理化的程度，属于妄想型崇拜。

3. 理解和沟通

　　家长应该理解追星是青少年探索自我认同和发展人际关系的一种方式，是青少年在青春期探索自我认同的正常行为，即通过喜欢偶像来寻找自我认同感。家长应该尊重孩子的兴趣和爱好，不过度干涉或粗暴批评孩子的追星行为。家长可以与孩子进行沟通，帮助孩子理解追星的积极影响和消极影响，可以一起探讨明星成功的背后的付出和努力，鼓励孩子从明星身上学习努力和坚持的精神。同时，家长也可以引导孩子关注明星的内在品质和精神，而不仅仅是外貌或表面的光环。这一点上小夏的家长做得很好，通过聊天向小夏分析了追星的两面性影响，引导小夏向正确的方向思考。

4. 共同参与确定平衡点

面对生活、学习和追星的冲突，家长可以和孩子一起来制订计划，使孩子形成良好的习惯。青少年可以设定一个合理的时间表，将学习、课外活动和关注明星等安排得井井有条。另外，家长可以制定规则，让孩子明白追星可以作为一种娱乐和放松的方式，但不应影响学业的进展。在有限的时间内，孩子应合理安排学习任务，并在完成学业后再进行适当的追星活动。

除了追星外，家长还可以鼓励孩子培养其他多样化的兴趣爱好，帮助孩子拓宽视野。通过参与体育、艺术、科学等活动，孩子可以发现更多的潜力和兴趣，从而减少对追星的过度依赖。除了帮助孩子建立良好的时间管理和消费观念，避免追星过度影响学习和生活外，家长还要以身作则，展示积极向上的行为和价值观，成为孩子的榜样。

家长可以尝试了解青少年喜欢的偶像，并与他们一起分享和讨论相关的内容。这样可以增进亲子关系，同时也能够更好地理解青少年的兴趣和追求。总之，平衡生活、学业与追星需要青少年和父母之间的理解、沟通与合作。制订合理的时间管理计划、设定优先级、建立奖励机制和寻找共同点，可以帮助青少年找到生活、学业与追星的平衡点。

5. 发现非理性崇拜怎么办?

发现孩子出现了非理性崇拜,家长不要简单否定甚至诋毁孩子崇拜的偶像。在青少年对偶像已经有了很深的情感卷入时,直接否定甚至诋毁会引起孩子的厌恶和逆反心理,从而更加拒绝与家长交流,更加沉浸在追星的世界中。家长要认识到这是一个很正常的现象,其次要跟孩子保持平等的、顺畅的交流,仔细去了解孩子的兴趣、情绪与观点,建立起良好的家庭氛围和亲子关系。让孩子能够放松地、充满信任感地与家长交流,是解决非理性崇拜的前提。

在建立起信任基础和良好的情感联结后,家长可以质疑非理性崇拜背后的不合理观念,比如真是越出名的人越有能力,越有价值吗? 在当今流量经济主导的商业模式下,"饭圈"文化已经转向消费文化,资本的过度介入更容易造成偶像都很完美又轻松的幻象,但其实任何成功都离不开点滴的付出。孩子在追星的同时,能够从一个更宏观、更客观、更理性的角度去看待偶像产业链可以大幅减少追星的负面影响,而这需要家长以平和的方式来引导。相比于说教和警告,也许日常科普式的聊天和更平等开放的交流会让青少年有更高的接受度。

第六章　中学时期的亲子关系

一、青少年的自我发展

青少年不仅渴望探索周围的世界，更渴望认识自己，从而花很多注意力和心思去感受自己、思考与"我"有关的各种问题。他们不但通过各种办法去定义和描述"我是谁"，还不停地琢磨"我是什么样的人"；他们深信自己的独特性，努力地向身边人展示自己的特点，期待从他们那里得到肯定的反馈。

虚虚实实的自我

关于"我是谁"，青少年会怎样定义和描述呢？他们可能说："我是一名学生，我是班长""我是某某的儿子、某某的朋友，还是奥运冠军的粉丝""我很开朗、喜欢跟人打交道"。可见，青少年多半基于他们从属的群体、扮演的角色和自己的特点来定义自己。与小学儿童相比，青少年对自己的描述常常会更加抽象，比如"我是一个优柔寡断的人"，也更加理想主义，比如"我是一个绝对的和平主义者"。当然，他们用来描述自己的角色和特点，有些并非实在的。他们可能用未来希望扮演的角色来定义自己，比如"我将来会成为一名足球明星"，也可能用纯粹想象的个人特点来描述自己，比如"我是一个需要宽容就能宽容、需要严格就能严格的人"。青少年之所以用当下并不存在的角色和特点来描述自己，主要是想表现自己的独特性。他们总是在寻求一个与众不同、独一无二的自我。自我感和独特性是青少年核心的心理体验与发展动力之一。

在思考自我时，青少年更加关注未来的我。他们给未来的自己赋予各种假设和想象"我会成为什么样的人""我不想成为什么样的人""人们会怎样看我"……青少年的"可能自我"既包括他们希望成为的样子，也包括他们担心成为的样子。但不管是"希望成为的人"还是"担心成为的人"，都对他们的行为有着引导作用——"希望成为的人"激发他们积极的行为，"担心成为的人"让他们明确应该避免的行为。

青少年有时会表现出虚假自我，也就是故意表现出自己本没有的品质和能力，比如吹嘘并非属实的优渥家境、说自己游历过并未去过的很多地方、在新同学面前装出礼貌热心的样子等。对于大部分青少年来说，这么做可能是想给人留下好印象，或者想改变自己。但对于少部分青少年来说，这么做是因为认不清自己的现实状况，错误地认为自己已经是理想的样子，并为之感到骄傲、对人夸夸其谈。

　　大部分青少年不仅能够区分现实的自我和理想的自我,还能意识到两者之间的差距。很多人认为,现实的自我和理想的自我之间的差距太大时,就会引发挫折感和自我批评。但对于青少年来说,情况可能并非如此。由于尚处于成长发育阶段,青少年理想的自我和现实的自我存在很大差距是一件自然而然的事情。例如,虽然眼下只能解决简单的函数问题,但他们可以毫不违和地期待自己成为伟大的数学家。青少年时期本身就是梦想飞扬的年龄段,青少年有大把的时间去实现众多的可能性。青少年对未来很乐观、对自己可能成为的样子很积极,这着实没什么好大惊小怪的。导致青少年感受挫折的,很少直接来自现实的自我和远大的理想之间的差距,而是自己远大的理想是否被身边的人怀疑和否定,比如"你数学考了80分,还想当数学家"。当然,青少年学习和生活中的挫折感更多来自面对具体任务时的无力感,比如不知道如何提高数学成绩、不知道如何改善与班上同学的关系。他们不知道如何着手解决问题,就更谈不上相信自己能够做到。也就是说,青少年的挫折,不在于现实离理想有多遥远,而是身边的人是否相信他能做到和眼下该如何迈出脚步。

多变的自我

　　中学时期青少年基于从属的群体和所扮演的角色来定义自己,他们对自己的描述可能因情境的不同而不同。例如,在谈到自己在家里的情况时,他们可能用"表面听话,但心里有自己的主意"来描述自己;在谈到自己和同伴的关系时,他们则用"坦诚、心直口快"来描述自己。青少年认识到自己在不同角色中的表现并不一致,甚至把不同情境下的"变脸"视为成熟的表现。但他们在自我认识上的多变,很可能会让身边的成年人觉得"他们总是相互矛盾，根本就不知道自己是谁"。一般来说，青少年能够认识到自己的不一致，也会努力地思考其中的原因，尽管常常因此感到困惑和冲突，仍旧试图对自己不稳定的自我做出解释。如果父母不停地断然指出他们的问题，他们常常会感到恼火、觉得父母太过分。"自我的不稳定"是中学时期青少年的成长特点之一，他们只是需要时间去反复审视自己的自我认识。一般来说，直到青少年晚期或成年早期，他们才能从不同情境的自我表现中提炼出更为统一的"自我"，但这种统一的自我认识不是通过成年人的简单指教来达成的。

青少年已经能够通过自省来认识自己，但和成年人相比，他们的自我认识更多地建立在其他人对自己的看法上。例如，他们常常会将朋友的看法纳入对自己的定义中，如果朋友说自己勇敢，他们就很可能认为自己是一个勇敢的人。由于自我认识主要来自别人对自己的反应，青少年对别人如何看自己往往表现得尤其敏感，这促使他们在不同的人面前小心翼翼地展示"合适的"自我。在朋友面前和在家长面前，青少年的表现有时会判若两人。这是因为对他们表现出的自我，朋友不但会承认，还会表示鼓励和赞赏，家长却很可能指出他们的不切实际。在一些家庭里，常常会上演这样的故事：孩子兴致勃勃地说自己如何独特，将来要如何如何，却被母亲劈头盖脸地来一句"少想些没用的，先把今天的作业做完"。在这样的场景里，青少年的自我展示在妈妈那里收获的是多么丧气的回应！青少年在认识自己的时候，总是把周围的人当成一面镜子。他们紧张地注视着镜子，希望看到里面美好的自己。如果在家长这面镜子里看到的总是丑陋的自己，他们就会在这面镜子面前尽量地把自己隐藏起来。一些家长虽然鼓励孩子，但他们的夸奖都放在了他们认为的好品质上，而不是孩子希望的好品质。例如，明明孩子渴望独立，家长却在别人面前夸孩子"听话"，对这样的肯定和夸奖，孩子也会感到恼火，因为他们在家长这面镜子里看到的，只是家长想要的影子，而不是他们自己。不少家长苦于"孩子长大了就不再和自己说心里话"，探究其中的原因，要么是孩子从家长那里得到的总是"否定"，要么是家长给予的肯定在孩子看来是肤浅的、空洞的或过时的，不符合孩子想追求的自我。

脆弱的自尊

青少年不仅认识自己，还评价自己，即对自己的价值和形象做出判断。一般来说，青少年会从不同的方面对自己做出评价，比如学业能力、运动能力、社交能力、外貌、行为举止、友谊、对异性的吸引力等。学术上常用自尊来指代个体对自己的评价。一个人对自己的评价越积极，自尊水平就越高；对自己的评价越消极，自尊水平就越低。专业人士会利用量表等工具来评估青少年的自尊水平，但也可以通过观察他们的日常行为，来对他们的自尊状况做出初步的判断。如果一名青少年在交谈时保持眼神交流、讲话之前较少犹豫、能够顺畅地表达自己的看法、与人打交道时能够合理友好地跟人接触，那么他一定有较高的自尊水平；如果一名青少年总是嘲笑和贬低他人、过分吹嘘自己或过分贬低自己、刻意拿腔拿调地说话、失误时拒绝承认错误或为失败找借口，那么他的自尊水平一定不高。在评价青少年的自尊水平时，我们应注意他们的自尊是否建立在对自己的价值和成功的准确认识上。不管是高自尊水平和低自尊水平，都可能建立在对自己不切实际的感知上。例如，有的孩子表现出自大、浮夸和毫无理由的优越感，有的孩子则夸大自己的弱点，表现出歪曲的自卑感。

从人的整个生命周期看，青少年时期算是人生第一个自尊低谷阶段，尤其是恰逢生活转折之时，比如从小学升入初中、从初中升入高中以及个体遭遇的其他重大生活事件。研究证明，青少年的自尊与家庭凝聚力有关。如果家庭成员有足够的相聚时间、能够进行高质量的沟通，并且让孩子参与家庭决策，青少年的自尊水平就可能提高。当然，对青少年自尊具有明显作用的还有同伴的评价，同龄人的看法显然会影响青少年对自己的评判。有趣的是，对于青少年的自尊来说，群体中一般同伴的影响比亲密朋友的影响更强。也就是说，关系一般的同班同学认为"我不错"，比朋友认为"我不错"更能激发青少年的自尊感。

低自尊水平与很多严重的心理行为问题存在联系，比如抑郁、自伤等。不过，低自尊水平本身并不会直接导致这些严重的后果，但低自尊水平的中学生如果遭遇其他困难，比如转入新学校、家庭发生变故等，出现严重后果的可能性就会大大增加。

考虑到低自尊水平的潜在后果，家长和老师总是尽力帮助青少年提高自尊水平。想要帮助青少年提高自尊水平，家长和老师首先要弄清他们是如何评价自己的。哪些能力和品质在他们看来尤为重要，在哪些方面他们对自己感到不满意且对改变状况没有信心。其次，家长和老师应为他们提供情感支持和赞许，即对他们的现状表示接纳，对他们已经付出的努力表示肯定，对他们想要成为的样子表示理解，对他们的成长表现出充分的信心。最后，家长和老师应鼓励他们积极地投入行动，为具体问题的处理提供指导和帮助，并提醒他们关注眼下的行动和取得的成绩。此外，家长和老师还可以帮助青少年拓宽眼界，从更多的方面去审视自己，发现自己的价值，比如学习唱歌、绘画、打篮球等。当然，在进行这种尝试时，家长和老师要审慎考虑孩子的兴趣和性格特点，新技能的学习起点不能太高，并且要有明确的循序渐进的计划，从而避免新的技能学习成为新的压力源和挫折源。

在帮助青少提高自尊水平时，家长和老师必须注意：提高自尊水平不是最终的目的。高自尊水平的青少年会更具主动性，但主动性既可能导致积极的结果，也可能导致消极的结果。例如，高自尊水平的青少年既可能表现出更多的亲社会行为，也可能表现出更多的反社会行为。因此，在处理青少年自尊问题时，家长和老师不能简单地鼓励他们对自己感觉良好，更重要的是将他们感觉良好的事情导向合理的行为。

理想主义

中学生的理想意识飞快发展，他们总想给每一样东西找到一个理想标准，脑子里形成一套套理想化的信念：社会应该是怎样的，学校应该是怎样的，家长应该是怎样的，朋友应该是怎样的，"我"应该是怎样的。基于这些理想标准，他们常常以绝对化的观点来看待世界，成为持理想标准和二元化思维的绝对论者，即世界要么好要么坏，事情要么对要么错，人要么属于"我们"要么属于"他们"。

中学生的思考还经常指向未来。小学儿童在谈及未来时往往显得片面和空洞，想法一般仅仅出于自己和身边人的期望，比如"我将来要当一名科学家，我要探索宇宙的奥秘""我要当一名运动员，拿冠军"。中学生谈及未来时，不再像小学生的说法那样简单，而是更加具体且富于批判性。对自己将来会怎样，他们不但考虑自己的特点和期望，还会考虑社会的评价。除了思考自己的未来外，他们还会超越个人纯粹地思考社会的未来。当他们思考社会的未来时，往往夹带着对现状的批判。他们心中的"未来"

更像是"理想的现在",而不是基于对过去、现在的思考合理预测的未来。

青少年容易理想化、持二元化绝对性信念,成年人的理想主义则大大减弱,代之以现实主义和实用主义思维,持相对视角和多元观点。成年人和青少年讨论问题时,有时彼此会都会感到"鸡同鸭讲"。因为当青少年基于理想化的"应该怎样"来讨论问题时,家长基于现实的"可以怎样"来讨论问题,结果往往是家长觉得孩子"太理想、不成熟",孩子则觉得家长"太现实、太死板"。这时很多家长会跟孩子讲道理,极力说服他们变得现实一点,但这样的努力一般不会有什么作用。现实主义思维往往在个体参加工作后才逐渐发展起来。那时他们开始承担起自己的生存责任,面对一个个实实在在的问题,现实主义思维才逐渐形成。此外,基于自己所持的理想标准,青少年对周围的看法往往带着强烈的否定意味。他们对家长的观察也变得更加全面,不再限于从家庭和同自己的关系的角度来看待家长,而是从工作、社会关系、社区等各种角度审视家长。他们对家长的看法变得更完整也更客观。在他们眼里,家长渐渐失去早期留下的"全能"印象,变成普通平凡的人。他们不但看到家长的不足,还可能基于自己心中的理想标准对家长感到失望。不善于情绪控制的青少年有时会对家长直言相激,即使是善于控制自己以保持对家长的尊重的青少年也可能因为心中的失望而在行为上冷淡家长。这些都可能让家长感到:在孩子面前自己正在失去权威,孩子在渐渐地和自己拉开距离。

二、家庭教育

教养方式

关于青少年与家长的关系，学界讨论得最多的大概要数教养方式了。这些研究将家长抚养教育孩子的态度和行为分为不同的种类，分析不同类型的教养方式与青少年成长之间的关系，试图找到最优的教养方式。

关于家长教养方式的研究，影响最广的是鲍姆林德提出的专制型、权威型、冷漠型和放纵型教养方式。不同教养方式会导致青少年不同的发展结果，尤其是社会行为方面的发展。采用专制型教养的家长对孩子进行严格的控制，要求他们遵守指令，不留商量余地。研究者认为，在这种教养方式下成长的青少年人际沟通能力弱，容易焦虑。采用权威型教养的家长一方面强调孩子独立，允许他们发表自己的看法，与孩子平等交流；另一方面为孩子提供规范，对他们的行为进行必要的限制和指导。研究者普遍认为，权威型教养方式在控制孩子和鼓励孩子之间建立了良好的平衡，既给孩子发展独立性的机会，也让孩子受到必要的监督和限制，因此更能促进青少年的积极发展。采用冷漠型教养方式的家长不关心孩子的生活，既不鼓励也不限制，尽量不卷入孩子的问题。这种情况常出现在极端困难的家庭，比如经济困境、关系困境或严重的健康问题等。在冷漠型教养方式下成长的青少年容易缺乏安全感，表现出低自尊水平，通常缺乏自控力，人际交往能力也比较差。采用放纵型教养方式的家长处处满足孩子，允许孩子做自己想做的事情。他们常常错误地认为，不加限制的肯定和鼓励可以促进孩子的创造力与自信心的提升，结果却导致孩子缺乏自控力、没有责任心、脆弱和任性。

　　绝大部分研究结果都显示，权威型教养方式在促进青少年健康成长方面具有优势，可以说是唯一值得追求的教养方式。但教养方式只是家庭总体的教养倾向，在现实生活中，不存在纯粹地只采用某一种教养方式的父母。家长们总是根据自己的理解，在不同情境下选择相应的教养方式。当家长认为，孩子眼下的行为是关乎原则的，或者严重的、紧急的问题，比如可能伤害他人的恶作剧行为、在交通工具上的危险动作，便会断然命令孩子，毫无商量余地。当家长认为当下是一个舒缓温情的情境，目的是表达爱、亲近和感谢，比如大考之后的犒劳，就可能放纵孩子，容忍他们做出平时不允许的行为。因此，比笼统的教养倾向更为重要的是，家长如何权衡使用教养方式，也就是在相应的情境下采用适宜的教养方式。例如，前文提到的"可能伤害他人的恶作剧""在交通工具上的危险动作"，家长首先要处理的是立即制止危险行为，在紧急情况下，命令甚至强制手段可能是当时的最佳处理办法。在这种情况下，如果家长还一味地与孩子进行平等的交流，听他们罗列一条条危险行动的理由，无疑会助长孩子不分场合的争辩行为，觉得任何事情都可以讨价还价。一个人表现出社会化行为，首先基于其对社会情境的判断。什么时候可以平等讨论、什么时候必须无条件遵守规则、什么时候可以开玩笑、什么时候最好沉默，对这些社会情境的判断，比采用的表达技巧更加重要。家长在不同情境下对孩子采用适宜的教养方式，则可以促进孩子对不同社会情境的判断。

　　在专制型、权威型、冷漠型、放纵型四类教养方式基础上，我国学者对教养方式进行了进一步的细分，将接纳、民主、尊重、关心、宽容、激励、温情、管教等教养方式归结为积极教养方式，将拒绝、独裁、羞辱、惩罚、责备、粗暴、控制、苛求等归结为消极教养方式，将袒护、放纵、期望等教养方式归结为条件教养方式。学者们普遍认为，积极教养方式对青少年的心理行为发展有促进作用，消极教养方式与青少年的心理障碍和违法行为存在联系。不过，家长在实践中更需要视不同的情境选择不同的行动方案。

　　与教养方式高度相关的一个话题是父亲和母亲在孩子教养中所扮演的角色，包括对孩子的生活照料、情感支持、学习指导、陪伴，与孩子的交流方式以及树立的榜样等。传统上，母亲在孩子的教养中会投入更多的时间，父亲则对家庭提供更多的经济支持，但随着社会经济的发展，父母双方共同承担经济责任和共同分担抚养任务的家庭越来越普遍。众多研究发现，在对子女的教养中，不管是父亲缺位还是母亲缺位，都会对孩子成长起到负面的作用。当然，父母双方共同承担抚养角色，并不是要求母亲和父亲在子女的教养中平分秋色，或者两人都要做到面面俱到。父母共同承担抚养责任的关键是在抚养子女和其他家庭事务上，两人的协调合作和彼此尊重。在一个家庭里，既可以由父亲承担大部分赚钱养家的责任，由母亲承担大部分抚养和教育孩子的任务；也可以反过来，母亲把大部分时间和精力放在工作上，父亲则花更多时间陪伴、照料和教育孩子。不管是哪种情况，家庭的责任分工都是双方共同决定的，彼此肯定对方的付出、认可对方的贡献，并且在一方需要帮助的时候，另一方能够给予积极有效的支持。如果一方的付出总是被另一方轻视和抱怨，比如家里总是充斥着"赚不到钱，只好在家带孩子"之类的话，使承担照料事务的一方因为"赚钱少"而被另一方看轻，或者一方发现另一方的失误时，仅仅是指责对方的错误，不去帮助对方解决问题，这些父母之间缺乏尊重和不合作表现，不仅会消解彼此在孩子抚养和教育上投入，父母之间的关系紧张还会降低孩子对父母的信任感。此外，父母在孩子抚养事务上的不合作，也可能造成照顾和教育上出现真空区域，或者在某些方面出现管理混乱。例如，关于孩子跟谁交朋友，平时爸爸不管妈妈也不过问，但当孩子和人打架了，便被爸爸审一遍，下一番指令，妈妈又训一回，再下一番指令。总之，在子女抚养中，关键不在于父母各自为孩子做多少，而在于在孩子的教育和照顾上，双方是否能够友好合作、彼此尊重，必要时相互支持和帮助。

家庭为青少年提供什么？

对未成年家庭成员，家庭的功能主要包括提供安全和谐感、满足生理需要、教育指导、社交支持和建立自尊。其中，提供安全和谐感的功能最为丰富，涉及保护、情感支持、接纳等多个方面。对知识和能力尚不足以应对各种社会活动的未成年人来说，家庭的无条件接纳和支持是他们安全感的根基，也是其他家庭功能实现的基础。如果不能从家庭获得和谐安全的感觉，其他诸如学习指导、社交支持等家庭功能也难以实现，甚至生理需要的满足也会因此大打折扣。子女成年之前，家庭为其提供的功能是为保障幼小成员的成长，但随着孩子的长大，同样的家庭功能，实现方式却出现了很大的变化。

家庭为孩子提供的和谐安全感，既包括家庭本身的稳定，也包括孩子融入家庭、作为家庭一员的和谐感。孩子从家庭获得的和谐安全感主要取决于家庭本身的稳定和父母良好的婚姻关系。青少年渴望独立自主，他们从家庭获得的安全感，除了取决于家庭本身的稳定外，还取决于自己在家里体验到的控制感。如果父母不给孩子相应的自主空间，不能放手让孩子独立完成必要的事情，孩子就会认为父母不在乎自己的感受、不理解自己，觉得自己是一个被动接受者，没有真正被接纳和重视。即便是在经济条件优越、父母婚姻稳定的家庭，孩子仍可能因为不被理解而感受不到对家庭的和谐融入，从而缺乏安全感。可见，童年时期，稳定的家庭生活、周到的照顾很可能足以让儿童获得安全感。对于青少年来说，稳定的家庭生活、周到的照顾已经远远不够，他们不仅希望对自己的事情独立自主，还希望对家中的其他人和事有所影响。

为了让青少年在家里获得自主感，家长需要在多个方面做出努力。对孩子的事情，家长应该先听取孩子的意见；对其他家庭事务，家长最好以合适的方式告诉孩子。全家应该建立一视同仁的家庭规矩，避免对孩子严加管束、家长却放任懒散。例如，家长要求孩子执行严格的作息方案，家长却整夜打游戏。家长可以让孩子适当地承担家庭责任，比如分担家务、维护与祖父母和外祖父母的关系等。最为重要的是，关于"什么是成功、要多成功"。这是孩子需要思考和回答的问题，家长可以在孩子需要时与孩子讨论，但不能把自己的想法像标准答案那样强加给孩子，否则孩子很可能觉得父母把孩子当成实现自己理想的工具。

在满足生理需要方面，家庭对儿童提供的功能涉及衣食住行等生活的各个方面，目的是为儿童提供足够的营养、充分的活动和必要医疗健康保障。青少年生理需要的最大变化是萌生了性需求。尽管鉴于社会文化原因，青少年尚未表现出活跃的性活动，但已经开始有了积极的性探索。尽管父母不常与子女直接谈论性话题，却对青少年的性态度有着决定性的影响。这些影响一方面来自父母表现出的夫妻关系，比如夫妻交流、爱的表达和分歧处理等；另一方面来自父母展示的与性有关的观念，比如对外貌的态度、对异性交流方式的看法、对婚姻家庭的观念等。子女是否采纳父母的看法，并将其纳入自己的认识系统，取决于亲子关系的质量高低。青少年只有对父母充满信任、能够平等交流时，才会采纳他们的性观念，将其作为自己的看法。

从儿童到青少年，家庭提供的教育指导和社交支持因孩子的学习和社交活动内容的变化而大不相同，但更为重要的变化是实现这些家庭功能所依赖的亲子沟通方式。同样是作业辅导、同样是与同学在家小聚，家长在提供教育指导和社交支持时，针对青少年采取的沟通方式，应该与针对儿童采取的沟通方式不同。和儿童交流时，家长主要是帮助他们理解问题，弄清楚解决问题的具体办法；和青少年交流时，家长最好先询问孩子的想法，一起讨论办法的可行性，引导孩子优化原有的方案或选择新的方案。对于儿童来说，为了改掉一个坏习惯，家长常常需要时时监督、时时提醒、时时教导。对于青少年而言，家长就必须放弃这种细致周到的监控方式，而是先跟孩子商量办法，再各自行动，再讨论结果。总之，儿童期的亲子沟通是一边倒的家长控制，青少年期则必须建立起平等商讨的沟通习惯。尽管家长在知识、能力、经验上处于绝对的优势，却不能像在工作及其他社会场所那样遵从实力竞争的沟通法则。即使孩子的想法不现实、不合理，家长也不能依仗自己的知识和经验优势对孩子简单地否定，而应该首先肯定孩子对问题做出的积极思考，引导孩子发现其中的问题，进一步修正自己的办法。家长不能让孩子感到家长与他们争论，是为了证明"该听我的还是该听你的"，而是让孩子意识到不管是孩子的主意还是家长的主意，都是解决问题的不同选项。

亲子沟通的质量可以通过一个简单办法来检测——孩子有多少事情愿意和家长分享。有的家长说："我跟孩子说过'任何事情都可以跟我讲'，但孩子还是什么都不愿跟我说。"这常常是因为家长在亲子沟通中习惯于仅仅扮演指导者的角色。事实上，青少年与家长分享他们的事情和想法，并非总是希望得到指导，他们可能仅仅是想找个倾听者，也可能是希望获得对他们想法和做法的积极反馈。如果观察不同年龄的孩子和家长的语言交流，不难发现：小学儿童更多地问问题，希望家长给他们答案；中学青少年则更多表达自己的想法和观点，希望家长看到自己已经变得多么聪明，从家长那里得到肯定性的反馈。因此，当青少年与家长分享时，家长应该耐心地听孩子述说、讨论他们产生某种想法或做出某种行动的理由，只有他们明确提出疑问时，才给他们建议。家长应避免使用武断的语言，比如"你这样想不对"，而应用平等的方式展开讨论，比如"我很高兴你跟我讲了你的想法，你想听听我的想法吗"。当青少年分享自己的同伴生活，家长可以与他们讨论每个人的特点，但不要贸然批评他们的同伴。

三、当孩子和你没话说

孩子到了青少年阶段，不少家长苦于和其没话讲。相比于跟家长分享日常和爱好，青少年跟同龄朋友待在一起的时候往往显得更为轻松、更为活跃。青少年同家长在一起的时候，话题总限于学习和未来的发展，要不就是和家长要零花钱。青少年跟朋友在一起的时候，游戏、休闲娱乐和校园生活等有趣的话题层出不穷，自由地展现自我。

小可跟家长没话说

在食堂吃过晚饭过后，小可回到了宿舍，室友们都在。来自单亲家庭的小亚在跟家里打电话——今天上了几节课、晚饭吃什么、天气热不热……小亚总是事无巨细地跟妈妈分享自己的生活。电话里传来小亚妈妈温柔的声音："宝宝，你的生日不是马上就要到了吗？妈妈给你买了一条裙子。收到货之后记得穿上给妈妈看看。""好呀好呀，谢谢妈妈！"小亚也用娇娇甜甜的语气回答。每次听小亚跟妈妈打电话，小可都觉得很羡慕。自己很少和家里打电话，每次打电话要么说生活费要么报告学习成绩，而且寥寥几句就觉得没什么话说了。

放假前一晚，室友们在一起夜聊，小杨问起小可为什么不爱给家里打电话，小可只敷衍了一句"没什么好聊的"就打住了，她不想提家里那些事。但是小可不禁回想起自己的爸爸妈妈。生下小可后，爸爸妈妈就去大城市打工了，只有过年的时候才会回来，小可基本是由奶奶带大的。小可非常想念爸爸妈妈，每次爸爸妈妈回来她都觉得兴奋又局促，但爸爸妈妈的亲近反而让小可无所适从。后来小可读了初中，搬去和爸爸妈妈一起住。爸爸妈妈早出晚归，租的房子里经常只有小可自己待着。陪伴着小可的是时钟滴答滴答走针的声音和父母出门前要她好好学习的叮嘱。但是小可最受不了的是一起吃饭的时候，最近成绩怎么样、在学校有没有用功、一定要好好学习知道不知道……一连串的问句和教导让小可觉得压抑又无聊。小可很想念奶奶，也很思念老家的伙伴，在学校里没有新朋友，小可一天都说不了几句话。上课时小可总是忍不住走神，想起小时候和小伙伴放学后一起叽叽喳喳玩耍的画面，而现在的她却总是沉默的。

终于有一天，小可再也忍受不住孤单，翘课坐车回了老家。很快学校就发现小可逃了课，通知了小可的爸爸妈妈，找寻小可的下落。后来大家发现，小可回了老家。爸爸妈妈赶忙回老家把小可接回城里，甚至没让小可在奶奶家吃上一顿饭。回学校的路上爸爸妈妈你一句我一句地说个没完。"可可，现在给你这么好的条件，你怎么不珍惜呢！爸爸妈妈辛辛苦苦打工，为的就是供你上学，你不好好学习就算了，还翘课！你怎么这么不懂事啊！"小可转头望向车窗外，没有辩驳也没有回应。

到了高中，小可选择住校，平时很少跟父母交流，她感觉生活又回到了正轨。除了刚住校要学会自己洗衣服外，小可觉得没什么难适应的地方。初中的好朋友虽然跟自己不在一个班，但是两个人也经常约着一起吃饭和写作业。放假后两个人总是会一起散步。这让小可觉得朋友非常重要，自己很多困难都可以找朋友解决，和朋友在一起的时候总是开心的。到了大学，看到小亚打电话时，小可突然回想起来，刚和父母一起住的时候，自己也试图和爸爸妈妈聊天，不管是上课时有趣的事，还是在小卖部买到了喜欢的玩具，小可都忍不住一一分享，可是爸爸妈妈总是一脸疲惫，敷衍道："钱还是要省着点花，多把精力放在学习上……"久而久之，小可便只和朋友分享这些。上大学后，小可感觉更开心了，没有父母的唠叨，却有了新朋友的陪伴，生活非常自由。只是偶尔看到小亚和妈妈的互动，小可会忍不住感叹和羡慕，原来父母和孩子还能这样相处，原来父母和孩子也能做朋友。

隔阂是怎么产生的

从故事里我们可以看出，小可的家庭氛围是非常沉闷的。小学时小可与父母不常见面，初中一起生活时，交流的内容也仅限于吃饱穿暖的生理需求或学习成绩。高中之后，小可更是不常与父母交流，但这种回避反而让她倍感轻松。为何小可会有这样的感觉呢？将小可父母的行为与前文的教养方式理论对比后，我们可以发现，他们的教养模式随着小可的成长是有许多变化的。

小学时，小可父母的教养方式更偏向冷漠型。由于时空的限制，父母很少能实时地关注小可的生活，没办法及时地鼓励小可的进步，也不能适时地纠正小可的错误。幸运的是，奶奶的关爱和朋友的陪伴填补了小可的情感需求。初中时，父母直接把小可接到了身边，忽视了小可对奶奶和朋友的依恋，教养方式也转变为专制型。该教养方式外在表现为对小可的学习时间制定了严格的规定，对小可的学习成绩有较高的期望，要求小可懂事听话、"对得起"父母的付出，并且从不过问小可的想法等。因此，初中的小可经常处于焦虑和无助的情绪中。此外，小可还要承受学业压力，又没有建立良好的同伴关系，缺少社会支持。在这种情况下，个体非常容易滋生逃避心理。因此，小可选择逃课回家找奶奶和朋友玩。

小亚的情况则有所不同。虽然在初中时，父母离了婚，但是母亲一直非常关心小亚。首先，妈妈和姥姥满足了小亚的基本生理需求，给小亚提供了稳定安全的居住环境、充足健康的食品供应和舒适整洁的衣物等。其次，妈妈满足了小亚的情感需求。夜谈时小亚说："我和我妈的关系其实更像是好朋友，生活中有什么事我都会主动和妈妈分享，妈妈也会认真地听我讲。我记得初三时，有一次我的成绩退步了很多，让我感觉非常挫败和焦虑。回家后，我和妈妈讲了这个事情，她不但没有责怪我，反而安慰我。她说她看到了这段时间我的努力和付出，所以我已经尽力了，有时候也要学着接受不可控的结果。我当时可感动了。那天晚上，妈妈还和我一起分析了学习方法和知识点的不足，发现我忽视了错题的记录，很多犯过错误的题还是会错。于是从那以后，我经常翻看自己的错题本，成绩也慢慢恢复了稳定。"从小亚的话里我们可以看出，小亚妈妈努力地回应了小亚的情感需求。对孩子成绩的退步，妈妈并没有单纯地去责备她，或者对孩子的挫败感置之不理，而是在了解分析了具体情况后，先肯定孩子的努力，再一起想解决方案。小亚的妈妈给小亚立了一些规矩，比如玩手机的时间限定、上网的内容限定、和同学外出的基本要求等，但也常常让小亚参与到家庭生活的管理中。诸如给姥姥买什么样的衣服、周末要不要一起出去玩、买东西划算不划算等，妈妈都时不时地会与小亚讨论，这让小亚有一种"像大人"的感觉。粗略看，小亚的妈妈对小亚大部分时间进行的是权威型教育，但是在涉及安全、法律和道德问题时，会给小亚确定好底线。因此，针对不同的发展时期、不同的情境或不同的事情，父母可以灵活地调整教养方式以适应不同的需求。

关于亲子关系，网络上有这样一句话："家长在等孩子的一句感谢，孩子却在等家长的一句道歉。"这句话反映出了父母和青少年由于理解错位产生的分歧。我们来看看，对亲子关系，小可的父母和小可各自都会怎么说。

小可的妈妈这样描述自己同孩子的关系："我们辛辛苦苦打工赚钱，为的就是能给她提供好的物质生活，让她能去好的学校。即便她不能马上理解这些，但起码应该好好听话、不添麻烦、好好学习、进入更好的学校、拿到一个好成绩，这样才对得起整个家庭这么多年的付出。当知道她逃课回老家的时候，小可的爸爸非常生气，但是在我的劝阻下，他没有打骂小可，只是说了她几句。小可的爸爸也知道小可想念奶奶，可是把奶奶接过来住会有很大的经济负担，而且小可已经上初中了，能在一定程度上照顾自己了。我们尽力在外面赚钱，给她买学习资料。为了不打扰小可的学习，我们也很少跟她讲奶奶的事情。所幸从老家回来后，小可也比较乖，再也没闹着要逃课、要回老家，就是不怎么和家里人说话。后来看着小可考上了大学，我们都很欣慰，这么多年的付出没有白费。有时候想打电话关心一下小可的生活，但每次都习惯性地聊到学习上去了。毕竟大学不是终点，小可还是要为了将来的生活好好努力。电话总是聊不了几句就挂了，这孩子，长大了，管不住了。"

小可这样描述自己同爸妈的关系："小学时都是奶奶照顾我、疼爱我，我也很想念爸爸妈妈。可是他们说在外面努力都是为了我好，一年也见不到几次面，好想和他们一起生活啊。平时也没人管我学习，有空我就和朋友一起玩耍，也挺开心的。后来要上初中了，终于能和爸爸妈妈住一起了，我特别激动。想象妈妈会给我做好吃的，爸爸会带我出去玩，毕竟是大城市，我兴奋得不得了。但是过去后我发现不是这样的。爸爸妈妈工作特别忙，有时候我还得自己做饭等他们回来。在学校我没有交到新朋友，同学们穿的、聊的，都和我不一样。我学习上又很吃力，跟不上老师上课的节奏。但是爸爸妈妈从来不听我讲这些，每次都是学习学习，听得我耳朵都起茧子了。我好想奶奶和老家的朋友，但是跑回老家后奶奶说的话和爸爸妈妈也一样。跟爸爸回家的车上，他沉着脸。我失望又害怕，知道以后不能这么任性了。但是每天放学回家的时候我都很烦。我喜欢只待在自己的房间。上网玩游戏、和朋友聊天，是我初中时最快乐的时光。高中时我忙于学习，不常回家。大学也是如此。后来看见室友小亚打电话，我才发现，原来和妈妈还能这样毫无顾忌地分享交流。再看看我家，唉，不过也不能怪爸爸妈妈，他们确实为我付出了很多。既然待在一起不开心，那就少接触吧，更何况我还有朋友陪我。"

前文我们提到青少年和家长对"长大"的理解往往是不一样的。青少年认为，自己作为独立的个体，理应得到父母的尊重。正如小可在初中时，非常期望家长能够询问自己的想法。关于学习的想法、关于未来的规划、关于生活的安排……小可其实都有自己的思考和建议。奈何爸爸妈妈从来不过问，只是单向地输出他们的安排。因此，当小可的自主性被否定之后，她放弃了挣扎，直接避免与父母的沟通。家长认为，青少年既然在身体和认知上都得到了一定的发展，应该更能理解家长的观点和意见。正如小可的父母和亲戚经常对她说的那样："你都是初中的孩子啦，要懂点事了。要体谅爸爸妈妈的辛苦，现在好好学习，将来出人头地之后才能好好回报他们呀！"这种关于权力边界的错位，加上小可家庭不善于情感表达的沟通习惯，导致了父母与孩子之间的隔阂。

四、青春期

小昊成了不良少年

小学时的小昊是一个聪明、热情和好奇心强的男孩，经常问老师问题，非常好学，成绩也很好。但是老师反映小昊有上课不遵守纪律的问题，总是自己想做什么就做什么，想上厕所不打报告直接就出了教室。小昊的父母工作忙，大部分时间都是奶奶照顾他。奶奶说在家里照顾小昊的时候，规定他晚上10点必须上床睡觉，但是他总是会反驳说："凭什么你规定几点睡就几点睡？"奶奶此时往往也不知道怎么反驳，只能由他去了。小昊的父母想着小学的孩子，有些调皮是很正常的，所以也没太当回事。况且小孩子伶牙俐齿的，说明他机灵有想法。

上初中后，小昊开始对学习产生了厌倦感，他抵制家长的规则，经常违反学校的规章制度。面对老师和家长的教导，小昊总是烦躁又易怒，喜欢与他们对着干。家长越不让做的事，他越要去做。迟到、早退、逃课、成绩也一落千丈……一系列的行为让小昊的班主任很头疼。

后来班主任给小昊的父母打了电话，小昊的父母才知道小昊在学校的表现。于是两人赶快请假回家，想找小昊聊天，问问究竟是怎么回事。看着叛逆的小昊，爸爸忍不住责怪他，说他不让父母和奶奶省心。没想到小昊更生气了，吼了一声"你们什么都别管，不就省心了"，然后摔门而去。

在这个过程中，小昊结识了一些不良的朋友，并常常在校外聚会，一起逃课上网，还吸烟、喝酒、打架。

一天，小昊在朋友的怂恿下偷了网吧里的游戏机，店长报警后，小昊被警察抓住，朋友却逃之夭夭。派出所里的小昊渐渐冷静了下来，之前天不怕地不怕，反正奶奶和爸爸妈妈也不能把自己怎么样。进了派出所，小昊感到很无助和后悔，害怕接下来会发生什么。

理性看待叛逆

很多人看了小昊的故事，都会将问题的原因归结为青春期的叛逆，寻求刺激、固执、冲动，不都是叛逆的典型症状吗？但给孩子带上叛逆的帽子前，有必要先找找青春期叛逆的根源。

青春期的叛逆表现首先与生理发展有关，尤其是大脑前额皮层的发育晚于边缘系统的发育。边缘系统负责情绪活动的区域发育意味着个体倾向于寻求新奇和刺激，而前额皮层发育不足意味着理性的控制能力较弱，两者加起来就使青春期的孩子表现出冲动冒险的行为倾向。

不少家长苦于青春期亲子关系的难题，觉得孩子轻则不听话、顶嘴、情绪激动、跟父母疏远，重则失学、网络成瘾甚至扬言轻生或伤害他人。学者们也常常把青春期视为亲子关系发展中的最大难关。青春期，个体的生理、认知水平及自我认识等都快速发展。对这些变化，家长和孩子之间存在不少的理解错位。

伴随着性成熟，青少年的身高、体重以及身体外形和面貌都出现了明显的变化，逐渐具有了成人的样子。身体和能力上的变化不但让青少年深刻地感到"自己不再是个小孩子了"，也让家长们觉得"孩子长大了"。但对"长大了"，青少年和家长的理解与期待却常常不一样。青少年觉得，长大了，理应自己的事情自己做主、自己的意见理应受到重视、自己应该受到尊重；家长则认为，孩子长大了，自然应该更懂事、更听话、更能理解父母的意见和体谅父母的苦衷。我们曾就"青少年的独立性"分别跟青少年及其父母进行讨论，结果发现：青少年一般从"授权"角度去理解自己的独立性，即哪些事情应该由自己做主、不受干涉，他们常说"这是我的事""给我自由空间"，否则就是"不信任我"；父母则从"承担责任的能力"角度去界定青少年的独立性，即哪些事情他们真的能够独立做到，对是否放手，父母们常说"自己不放心"。可见，对青少年的成长，青少年期待自己能够自然而然地拥有独立性，掌控自己的事情；父母则期待孩子能够更好地理解孩子的能力局限，表现出更好的合作性。在交流互动中，由于彼此都将注意力放在对方的行动是否符合自己的期待上，因此很容易出现紧张。

　　亲子之间的认识错位，尤其体现在双方对权力边界的理解上。青少年渴望的独立，希望在家里对自己做主的事情有明确的权力界限。他们要打破童年那种完全由父母控制、事事都受父母检视的状态，从而创建自己的权力空间。既然自己长大了，父母理应在一些事情上放手，将控制权交给自己，否则就是不理解、不重视自己。例如，星期天亲戚聚会，母亲希望孩子穿运动服，孩子却执意要穿牛仔裤。妈妈说："我和你爸都穿休闲运动装，你也穿，一家人一致。"孩子头也不抬地说："都什么年代了，还穿亲子装。"妈妈说："运动装穿起来舒服，行动方便。"孩子说："你怎么知道我穿牛仔裤就不舒服？"妈妈生气地说："你这孩子，怎么不听话呢？"孩子愤怒地说："凭什么什么都要听你的。"针对星期天穿什么衣服这件小事，这对母子的交谈很快变得紧张起来。母亲因为孩子不遵从自己的要求而生气，孩子则因为母亲管得太多而愤怒。这种争执的背后，是两人对权力边界的认识差异。对哪些事母亲该管、哪些事母亲不该管，母子二人有不同的想法。母亲沿袭儿童时期的教养关系，觉得由自己决定孩子穿什么衣服是一件自然的事情，而且父亲穿什么衣服不也是由母亲决定的吗？孩子则觉得穿什么衣服是自己的事情，如果母亲连这样的事都干涉，就是无视孩子的感受、不尊重孩子的独立性。

　　有调查发现，青少年与母亲之间的分歧比其他任何人都多，多过与朋友、同学、兄弟姐妹、父亲和其他人。这项结果很可能让承担主要抚养责任的母亲们感到委屈。一些母亲会说："自己为孩子提供了无微不至的照顾，处处为他们着想，但孩子仍旧不理解自己的付出，说父母只想着自己的事情，不在乎他们的想法。"这种爱的错位，是因为家长提供给孩子的关爱与孩子期望从父母那里得到的关爱不一样。一些调查说明，青少年时期的亲子冲突，大多都针对日常生活中的琐事，如穿什么衣服、房间太乱、和朋友聊天时间太长等。青少年与父母之间的分歧很少针对家庭大事、难事，而主要集中小事上。青少年认为，这些事情自己完全有能力处理，属于本该放权的事情。一些父母解释说："这些事情孩子的确能够完成，但总是做得不好，孩子的房间总是乱糟糟的。"不难看出，父母之所以在这些生活小事上干涉孩子，是因为孩子做得不够好。但孩子则认为这是在干涉他们的自由，因为父母依据自己单方面的标准评价好坏。孩子会说："我自己的房间，我住着舒服就行，关你什么事。"很多父母对亲子之间在这类琐事上的分歧感到困惑，"难道房间不应该收拾得整整齐齐吗"？但在孩子眼里，这事不在于房间应该有多整洁，而在于应该由谁做主。

青少年处于儿童和成年人的过渡阶段，需要控制也需要培养自主性。如果家长对孩子的期待仍停留在儿童阶段，希望孩子表现出高服从性，认为不听话就是不尊重，那么这种不合理期待与青少年独立意识的发展相矛盾，容易激起青少年的逆反心理。例如，在案例故事中，小可的父母一直强调小可要"听话"，要顺从安排，要懂事，期待小可像儿童一样被动地接受父母的观点，认真执行父母的指令。而这只会让小可感觉更加烦躁，认为自己没有得到父母尊重。面对这种不被尊重的情形，孩子通常会有烦躁、易怒、抗拒交流的表现。不同的孩子的处理方法也有所差异。小可选择逃避接触，而小昊选择直接反击，与家长爆发了许多冲突。

给家长的建议

1. 确定个人事务的边界

青少年渴望自主，希望按自己的想法行动，能够独立掌控事情，却尚未具备足够的知识和能力使他们能够应对各种事情，并做出成熟的决定，采取合理的行动。聪明的父母会在孩子有能力合理应对的事情上，放弃自己的控制权，让孩子体验独立；在孩子缺乏能力的事情上给予支持和指导，让孩子体验依恋；对危险的、突破道德底线的行为，则坚决制止，让孩子体验服从权威。因此，对青春期亲子关系的处理，家长首先要弄清楚，哪些事情应该放手，让孩子自主；哪些事情应该高度关注，必要的时候给孩子提供支持与帮助；哪些既定规则是必须遵守的、没得商量的。由于青少年成长迅速、能力变化飞快，对其所能胜任的事情的评估需要经常进行，以便父母及时做出放权调整。

为了减少亲子间在生活琐事上的分歧，家长首先需要对家庭事务进行必要的区分，界定每个人的责任和权力，制订相应的规则。就拿家庭卫生清洁来说，父母负责自己的卧室，孩子负责自己的房间，对大家共同使用的客厅、厨房等区域，可以分工合作，孩子在其中承担一定的任务，比如整理鞋柜、丢垃圾等。

2. 制定规则

在分工和分权的基础上，家庭成员可以制定一些基本的家庭卫生规则，比如"垃圾不过夜""食物不上床"等。制订规则的时候，家庭成员要做到公平讨论，可以每个人提三四条建议，然后对每一条建议进行讨论或表决。一些家庭在制定规则的时候，陷入过度争辩，或者父母过于强势，规则最终都来自父母的意见。不公平的家庭讨论很容易被孩子视为父母压制自己的一种手段，从而丧失对父母的信任。

家庭是由父母和孩子共同组成的，因此不能只对孩子有要求和期待，也应共同讨论制定大家共守的规则。例如，共同承担家务、整理自己的房间、勤俭节约、说话讲礼貌等。父母的以身作则往往是最有教育效果的。家庭中经常发生成员间的互相模仿和行为强化，尤其是孩子会下意识地学习父母。如果父母规定了看电子产品不能超过 3 小时，自己却一直刷手机，那是无法让孩子信服的。除此之外，家庭成员可以针对每位家庭成员的情况制定有针对性的规则，其他家庭成员一起监督。例如，爸爸不能在家里抽烟喝酒、爸爸妈妈不能当着孩子的面吵架、孩子一周只能吃一次快餐等。另外，每条规则的制定都应该是有依据的，是每名家庭成员都理解并愿意共同维护的。

3. 家庭事务讨论会

家长可以定期安排家庭会议，让每名家庭成员都有机会表达自己的观点，共同解决问题。讨论会不一定是非常正式的，但是父母可以专门留出一段时间和孩子一起讨论家庭事务，比如家务怎么分配、什么时候出去旅游、去哪里旅游、怎么做旅游攻略等。在讨论过程中家长要允许青少年充分发表意见，采纳其正确的意见，指出有些意见为什么不能采纳，让青少年感受到自己的意见是被倾听和尊重的。

除了针对家庭事务的讨论外，父母也可以和孩子一起商讨其遇到的问题，制订计划和方案，规定父母做什么、孩子做什么，整个过程如何实施，事后有哪些需要反思和改进的地方。

4. 父母关系的分享

坦诚是建立平等关系的基础，隐瞒则是破坏信任的催化剂。孩子对父母是好奇的，希望知道父母的心情、兴趣爱好和故事。亲子间的互相信任能让子女对家庭充满安全感，形成良好的依恋关系。因此，父母要养成积极分享的习惯，在孩子面前展示较为真实的自我，不管是缺点还是优点，都正确客观地看待。